おしゃれと
暮らしのレシピ

ホホホと粋に生き残る

本田葉子

まえがきにかえて

今日は私の誕生日だ。

おめでとう自分。

今日は両親へこの世に送り出してくれたことを感謝しよう。

毎日ビールがおいしく飲めるのは、父からのＤＮＡのおかげ。

手芸工作が好きなのは、器用だった母のおかげ。

ちゃんと受け継いでおりまっせ！と。

今は両親も伴侶もすでにない。
若い友ら何人かとも別れを余儀なくされた。
見送るたび、みんなにいつも教えてもらうのは、
残った人生をもっと大切にしなければ、ということだった。

ひとつ歳を積み重ねた今日、いきいきと生き残りたいと改めて思った。

これからの人生の目当てにしよう。


「いきいきと生き残る」

心の特大の半紙に、ほうきのような大筆で、墨痕鮮やかに書いておこう。

名前を書くスペースには、「本田葉子　六十三歳」としっかり記名する。

CONTENTS

軽やかに春

快適に夏

続きゆく秋

毎日の散歩は
海へ山へ
今日はどちら？
犬にきく

はじまりの

秋

HOHOHO

海の近くにお引っ越し

夫が死んでから、わりとはやい時期に引っ越しを決めた。娘もすでに嫁いで家を出ていたし、今までの家のスペースが必要ないように思われたからだ。なによりいちばんに考えたのは、生活の縮小であった。今まで通りの家賃を払っていくのはなんともキツイ。そこから生活を破綻させるまじ！と考えた。90歳を超えた義母と老犬が安心できる場所、そして私がこれからも楽しくやっていけそうな場所を探したかったのだ。

人生で1度でもいいから海の近くに住んでみたいとの願望は前々から持ってたので、実行するなら今がグッドチャンスかもと、友だちにも協力してもらい家探しを始めた。住宅情報のサイトをいくつも検索し、見学に出かけたりを繰り返した。

探し始めて2ヶ月目に素敵な古民家との出会い！「ここに住みたい」とキュンときた〜。息子も気に入ったし、大家さんともお会いできた。奇しくも義母の幼少の頃からの「縁ある地」であったことはいまだに不思議でしょうがない。

長年住んだ家の片付けは、物との闘いであった。【これからの生活に必要なものだけを選び抜くこと】と目標を掲げ、厳しめに取捨選択した。近所の方や友だち、たくさんの人たちに助けられ、やっとこ引っ越すことができたのだ。

思い出の品々に囲まれて立ち止まっているいとまはなかった。死ぬのも大変だけど、生きてくのもまた大変なことよねえ。

ならば明るく楽しくいきたいと強く思う。

スーのこと

スーがうちに来たのは13年前のことだ。犬を飼おう！　と決めたとき、どんな犬にしようかと家族で話し合った。

豆柴、フレンチブルドッグ、ブルテリアにしようかなど希望は出たけれど、

「保護犬をもらうのってどう？」

と夫が言い出して、みんなハッとしてすぐに同意。

ネットの「里親探しのサイト」で見つけて、茨城まで、生後1ヶ月の子犬をウキウキしながら車を飛ばしてもらいに行った。

それからずっと多摩市の家で暮らしたので、11年目にして新たな住処は老犬にしたらどうなのかな？　と思ったけれど、ひと月ほどで落ち着き、海岸の散歩が日課になった。

ちょうどその頃、歯石がひどくなってしまい全身麻酔をかけての手術となった。前立腺のあんばいも悪かったので去勢手術も一緒に。病院へスーを預けての帰り道、手ぶらで歩いていると、ドドドドーッと涙があふれた。富士山の方向に向かってお辞儀をしてみた

水が好きでない
スーは波打ち際は
歩きません。でも
砂浜は好きらしい

り、どうか神様……と神頼み。

「あんな老いぼれの雑種犬、そちらに行っても番犬にもなりません」

あれ？ これって古い映画のセリフよね？

キャサリン・ヘプバーンとヘンリー・フォンダが夫婦役の『黄昏』。死にかけた夫のために祈った妻の言葉である。「この老人はただの老いぼれです。天国に連れていかれてもなんの役にもたちません」と。

不意に思い出すものだなあ、何十年も前に観た映画のセリフって。

翌朝、病院でのスーは疲れ切り、寝不足そうながらもちゃんと歩いて私の方に来た。

「なにがなんだか、めっちゃ痛かったし。どーゆーこと？ 捨てられたかとオモタ」

的なことを言いたいような、不信感まんまんな視線をくれた。

よほどショックな一夜だったんだろう。

戻ってきてくれてありがとうと、一夜にして痩せた背中をなでなで。

やはり土や草の上
がいちばんご機嫌

薄明かり

うちの猫と犬、なかよく玄関で。昔の家（おばあちゃんちとかね）は夜になると薄暗くちょっと怖かった。明るいところと暗いところの差もまた大きくて、御不浄などは怖さ全開であった。障子やふすまの隙間からヒュ〜ッと風が入ってきたり、天井の組んである木がピシッと不意に音を立てたりすると、ぶるっとしてちびりそうになった子どもの頃。

そんな生活から離れた暮らしをもう何年もしてきたんだなあと思う。

夜も煌々とした明かりの中にずっと住んでいた。

しかし、暗いだの、怖い、うすら寒い、なんか居そう、などの畏れを家に感じつつ暮らすことが大事だったのでは……と今は思う。

それが感情のたわわさにつながっていくのではないか。

最初、玄関の天井照明だけでは暗いかな？と思ってフロアスタンドを置いたけれど、むしろフロアスタンドだけで光量は充分だ。スタンドの傘が作る光の形、ここに来て初めて見たような気がする。

鴨居のところからまっくろくろすけっぽいのが出てきてもいい。

スーはこの場所が大好きだ。薄明かりの中は誰もが落ち着く場所でもあるようだ。

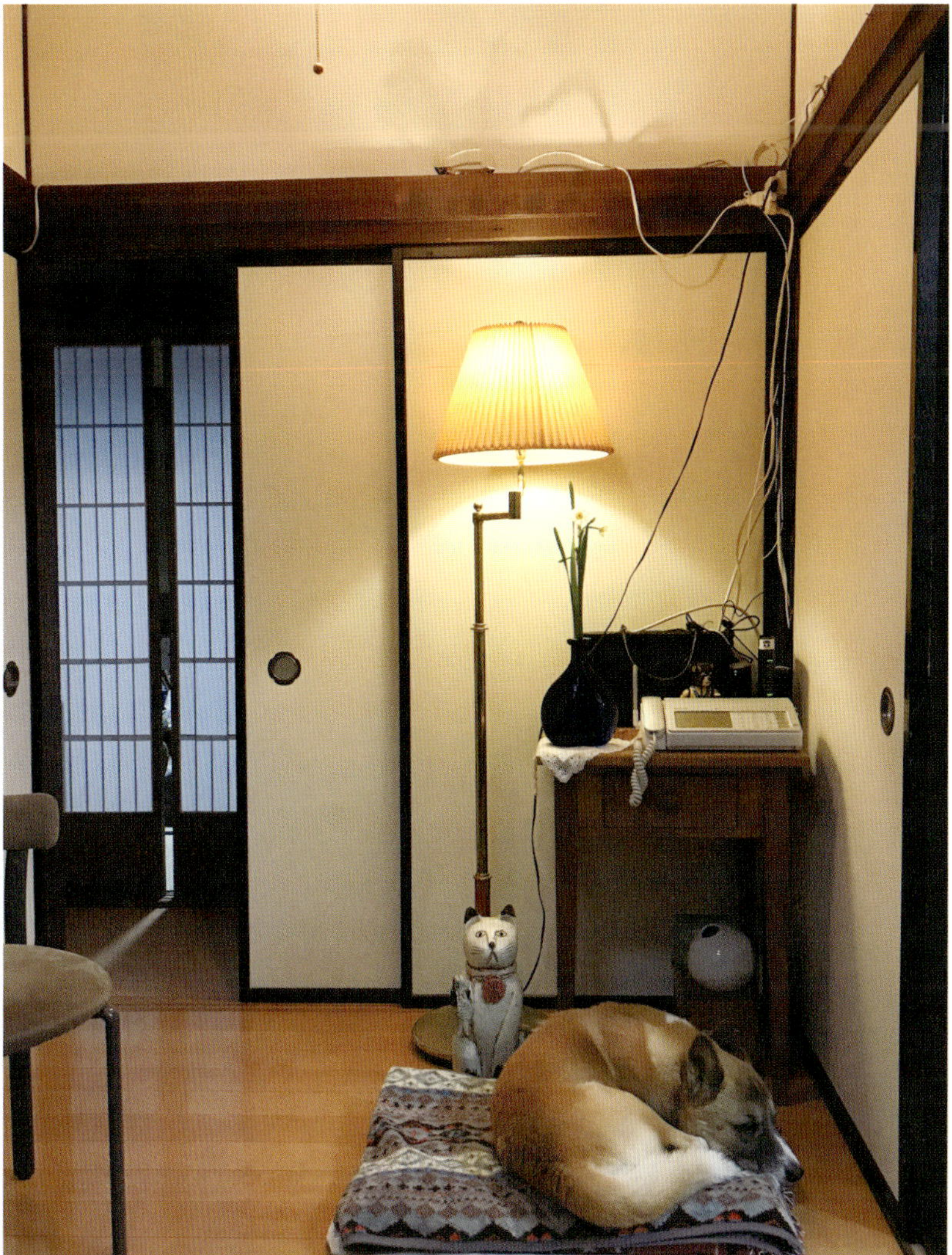

玄関の上りかまち。スタンドの薄明かりでくつろぐスー

小エビの揚げたてで
ちょい飲み

おかずをちょっと先取りして
ひとり飲みに

初収穫した春菊を天ぷらに
しました。そりゃ揚げたて
すぐに食べたいっしょ？

サクサクの
揚げたて
オイシーっっ

元はCDプレーヤーを
置いていました

台所のちょい飲み机

引っ越して、まず手をつけたのは台所だった。ご飯を食べられるようにする！は基本である。食事が作れる環境になると、だんだんと自分ちになってくなあと実感する。

だいたいの配置は考えてきたけれど、家具や道具を実際に置いていくと、もっとこうしたい！と思うところも出てくるものだ。

配膳台として使おうと持ってきた机は、以前は夫がCDプレーヤーを置いていたものだった。

脚の部分は薄いグリーンに塗り替えて、軽やかな印象の机にした。取っ手も丸い陶器のものへチェンジ。ガスレンジの横に置き、丸椅子も置けばちょっとした飲食コーナーにもなる。

夕ご飯を作りながらビールを飲むって最高っ！

揚げたての天ぷらなどいただきながら、クゥ〜〜〜〜といけるのは、台所に立つ主婦の特権といえるでしょう。

とても便利な机になっているよ！

生シラスがある日はうれしい!!

生しらすとカブ。ぬるめのお燗で

魚の皿には肉料理が合う

野菜にササミとアンチョビをのせて。レモンチューハイに合う

落花生を茹でておつまみに。たくさんとれたので冷凍しておいてちょびちょびいただきます

蒸したジャガイモにチーズとキャベツの千切りを乗せてチンしたら

イタリアーン!

ミョウガのぬか漬けでビール

焼き長ねぎは大好物

いい月夜

実家のお墓参りに行ってきた。小田原から長野へは、新幹線の乗り継ぎでほぼ2時間。

新幹線の乗り継ぎって、贅沢感と旅行感がより出るなあと思う。お土産にお菓子とかまぼこを用意すると、ますます「旅」だ。長野駅前で姉と待ち合わせ、山の上の父母のお墓参りを済ませたらなんだかホッとするのはいつものこと。

少し話し込んでいたら、すでに夕方近くに。小田原に到着したときには、真っ暗になっていた。

いつも前を通るお寺と神社の脇道は、真っ暗だと印象がずいぶんちがって足がすくむ……というかビビるというか。

毎朝の散歩でお寺と神社の前を通るたび、素通りもなんだしと信心ないながらも「今日もニコニコして過ごせますように」と手を合わせている。

長野帰りに小田原で見た月は、めずらしい色であった。みかんのようでもあり、柿の種っぽいツヤもある月だ。月を見上げながら歩く。お寺と神社前を通過しながら、「今日もニコニコして過ごせますように」とはどうも消極的すぎるような気がふとしたのだった。次回からは「今日も笑って過ごします」とにっこり合掌しようと思った。なんなら「きっと一日中上機嫌でいきます！」ってくらい宣言してもいいのではないか。願いより表明だなと思った。夕べのあいさつは上機嫌で過ごせたことに感謝しよう。

柿の種っぽい光を放ついい月夜である。帰宅後は冷えたビールをごくごくして上機嫌の夕べ。

みかんみたいだな

30年現役のワンピース

娘がまだうんと小さかった頃、手を引きながら行った古着屋で一枚のワンピースを買った。

30数年も昔の話だ。子どもが小さい時期は、自分のものは「まああとでいいや」と後回しにしがちだった。そんな奮闘時代の買い物だったから、よけいにうれしくて、印象に残る服になったのかもしれない。

買ったばかりの頃はカーディガンやジャケットを合わせてお出かけ着にしていた。

コットンとレーヨンの混紡生地は洗濯もしやすく、子育て時代には便利に着られた。10年ぐらいたったあと、丈がどうも半端な長さに思えてきて、胸のあたりでジョキジョキっと切断！　ウエストにゴムを通してロングスカートに変えた。タンクトップやサンダルともよく合い、海やプールに着て行ったものだ。

30年前
レトロなデザインのワンピースでした
その10年後
胸のあたりで切ってロングスカートに！

そして今はジャンパースカート風にして着ている。丈が短くなるので、ロングブーツがよく合う。ベルトでウエストを緩めに締め、ボリュームのあるショールを首に巻く。上半身にポイントを集めると、すっきり見えそうな気がする。

形を変え、着方を工夫しさえすれば、時代時代に合った自分の着方を見つけられると思う。

一枚のワンピースからいろいろ教えてもらった。深い緑色と貝殻パスタのような柄は、いまだに好きでたまらない。

今は上半身にボリュームをもたせた着方が
ふさわしいと思って…

薄い生地でも、ニットやロングブーツを合わせれば秋仕様に

木箱を積み重ねて靴箱にしています

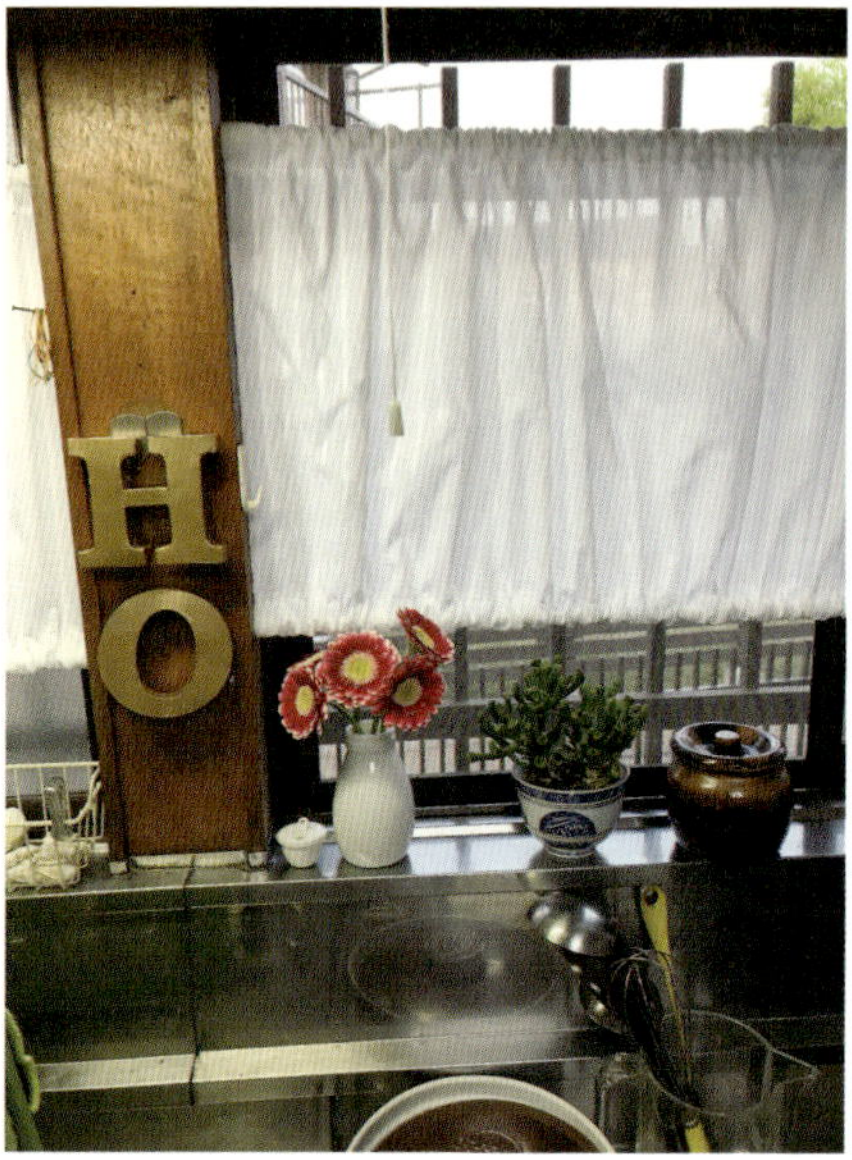

大げさな花は買いません

風の通る場所

大きな窓がある台所は憧れであった。今まで住んできた家々はどこも窓はなくて、オープンで対面式のキッチンであったり、コンパクトにして動きやすい動線を考えられた台所だったりして、それはそれで使いやすかったけれど、今度の家の台所は壁の一面、左右オールの窓なのである。

夏の朝日の入り方はけっこうきついけれど、風の通りはとてもいいのだ。裏口を開け放しておくと、スーッと風が抜けていく。窓の外は人通りのある道路。窓を開け放しておくと通りかかる人と目が合ってしまいそうなので、目隠しカーテンをつけた。

調理器具がいつもさっぱりと乾きます

前の家から小分けして持ってきた多肉植物たち。みな元気

上がりかまちの高い玄関には、足腰がめっきり弱くなった義母のために簡易階段を置いた。借家ゆえ固定の工事はできないので置き型のタラップね!

玄関の右脇から台所へ続く。時々玄関から虫の声が聞こえてくる。しばらくすると台所の方から聞こえてくるから、流しのコオロギかも知れない。

夕方、散歩に出たついでに、花とビールを買って帰る。花は夫のために、ビールは私のために。

風のよく通る台所は、考え事をしたり心落ち着かせるのにいい場所なのだ。私はここで、料理を作る以外にもいろんなことをする。

至福

縮こまらずに

冬

HO HO HO

カーテン事情

いろんな素材で長さも違うカーテンたち。

引っ越してすぐに、廊下のガラス戸に「ま、とりあえずね」と掛けたものだけれど、こういうのもアリな気がしてそのままで半年過ぎた。

ガラス戸の下の部分は板がはまっているので、外からは、ちぐはぐな丈が見えてないってところが救いである。

もし作るのなら小学校の教室にかかってそうなシーチング生地のカーテンがいいかな？と思ったり、細かいギンガムチェックや小花模様でも合いそうと思ったり決めかねている。

しかし、隙間風のことを思うと、早く冬仕様のカーテンを作らねばっ！とちょっとあせる。冬のカーテンは大事だから。

トイレの窓はよりいっそう深刻である。ヒュ

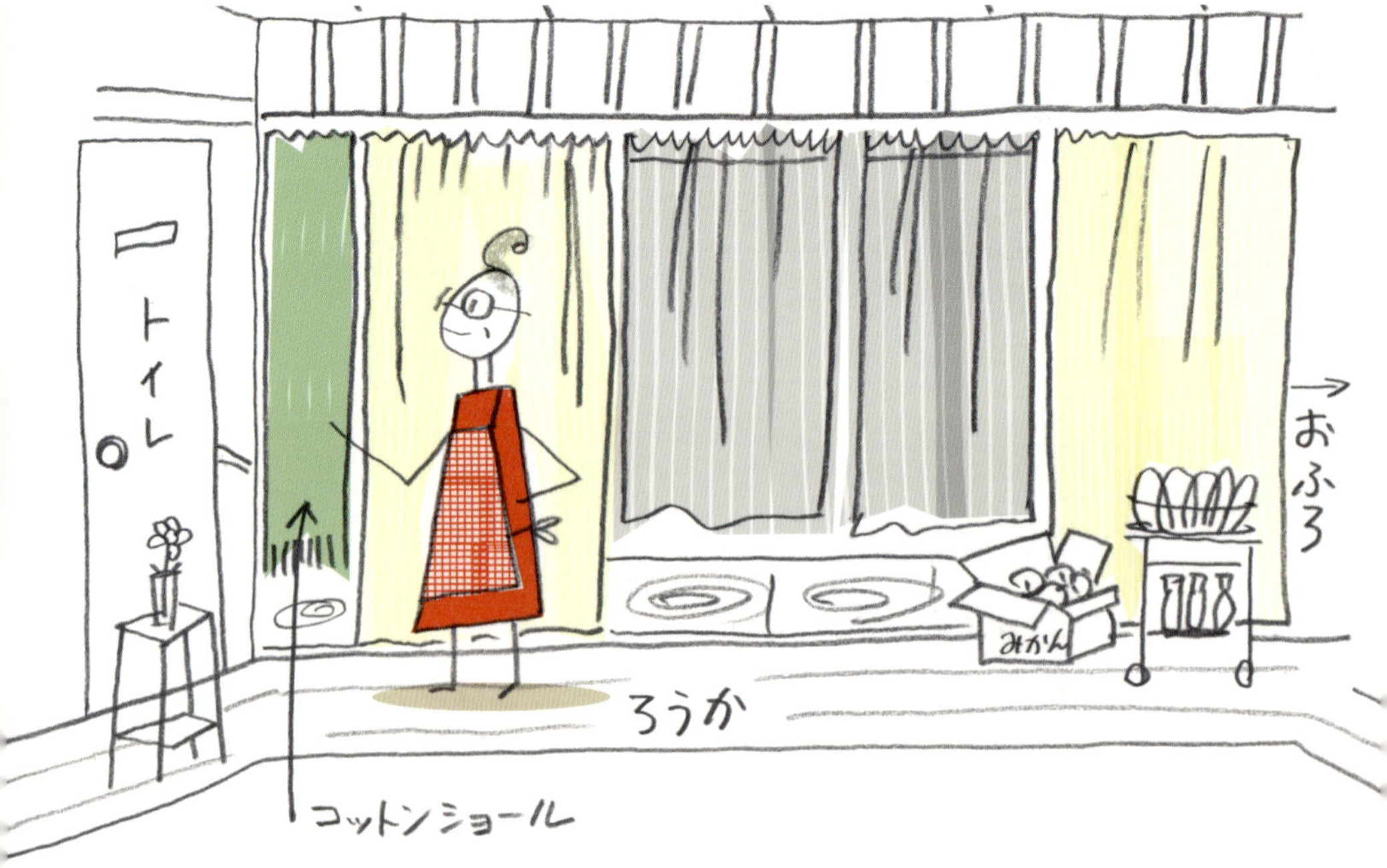

微妙に丈も生地も違うカーテンの寄せ集め

〜っと冷たい隙間風にお尻をなでられて、度々ブルブルっとなる。素敵なガラス窓だけれど、風防止のためにもと、カーテンを作った。スモック刺繍でギャザーを出したらさぞやかわいかろうとつい思ってしまったので、やったこともないスモック刺繍に手を出してみた。

トイレの横の手洗い場と台所には、上下に突っ張り棒を渡し、床屋さんのドアに掛っているようなカーテンにした。

手縫いと、一部ミシンがけで製作したカーテンたち。季節ごと……いや、年に2度は掛け替えたいとの野望はある。

寒いシーズンにはウール地のカーテンにしたい、とかね。めんどくささと楽しみがせめぎ合うけれど、ちょっとだけ楽しみな気持ちがリードするのは古民家だからかも。

スモック刺繍のギャザーはかわいい

一応、そろっているように
見えるのだが……

トイレ脇の手洗い場。もっと明るい色
にしたいな。ちょっと失敗

便利な素材 スエード

茶色のコート、ピンクのスカート、ベージュの巻きスカート。持っているスエードの衣服だ。真夏以外どのシーズンにも対応できる便利な素材だと思う。身につけた時に感じる独特なヒンヤリ感も心地いいもの。ブルーシャンブレーのジャケットとベージュの巻きスカートを合わせる。ピンクのスカートにはレースのブラウス。ちょっと優しげなもの同士で相性がいいようだ。

手入れがめんどうかも……と最初不安だったけれど、汚れはスエードクリーナーでほとんど解消できる。だんだん擦れたりよれたりしていくのは、革製品の自然な流れ。苦にならないどころか、経年のクタクタ具合が楽しみになってくるのだ。布とは違ったおもしろさがある。表面がマットなので、派手な小物もよく合うと思う。

思いっきり派手なスカーフも
スエードならイケル!

真冬のスエードは保温効果はあまりないけれど、ニットを重ねるとグンと暖かくなってくる。

毛糸のレギンスとスエードスカートを重ねればポカポカである。


革の端切れにアルファベットのパーツを通してブレスレットにしている。夏には赤やイエローで、秋冬には茶色や黒で。いいアクセントのアクセサリーになる。

腕にふた巻きしてぎゅっと結ぶだけのお手軽さも気に入っている。

HOHO

二重巻きにします

スニーカー、バスケットとの相性もいい
フェルトのベレー、レースのブラウス…スエードスカートのセットが好き！

ダッフルコート

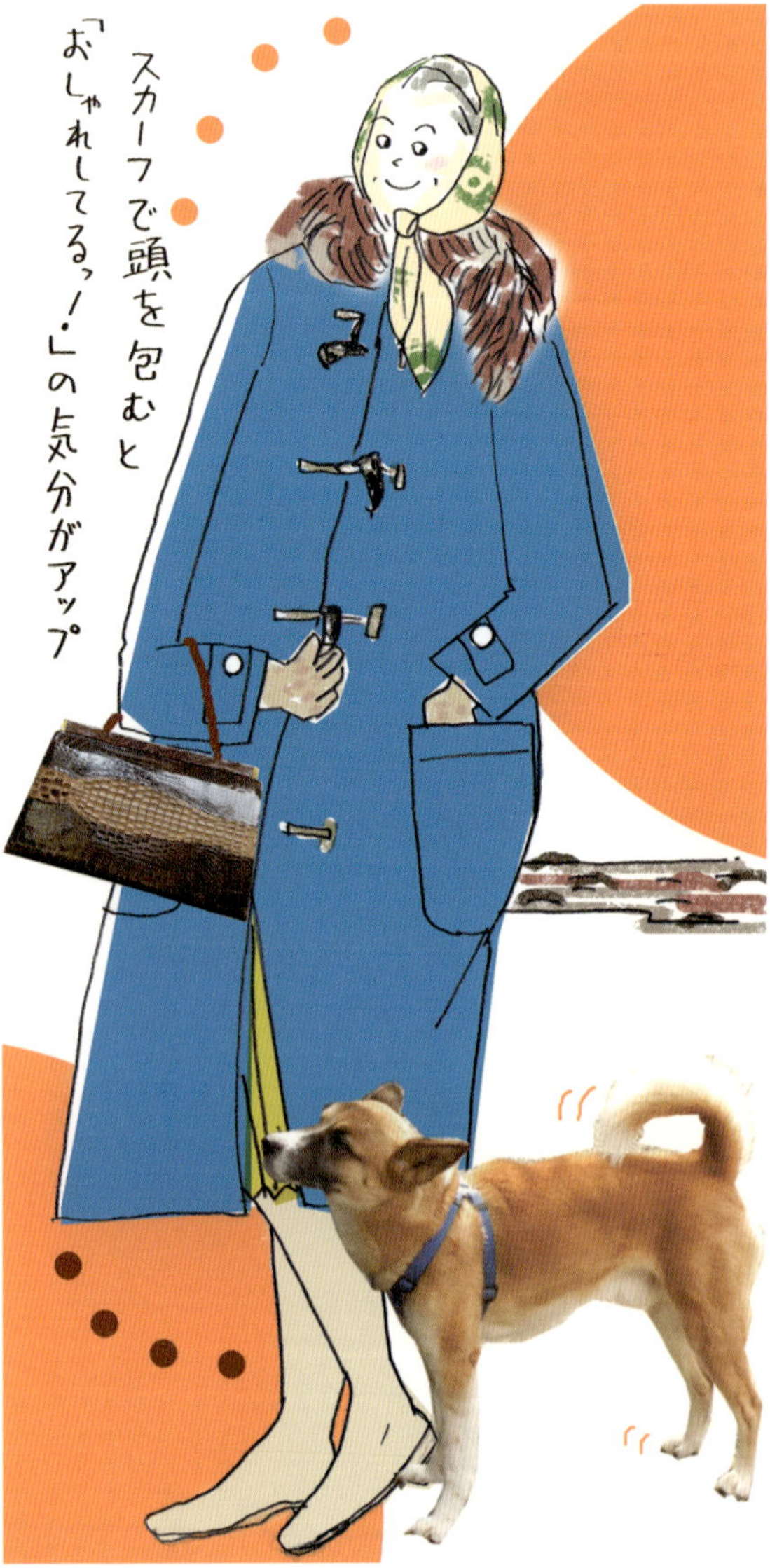
スカーフで頭を包むと
「おしゃれしてるっ!」の気分がアップ

姉から「ダッフルコートが欲しいんだけど、軽くて着やすいのないかな」と相談された。久々にダッフルを着たくなったのだそう。ブームが一巡したようだ。しかし肩に感じる重さが耐えられなくなっているらしい。私も同感！　着ているうちに疲れてくるコートはもう嫌だもの。

ダッフルコート姿の学生は真面目っぽく、通勤の男性はさっそうと、年配の方のダッフルはこなれたおしゃれに見える。トラッドのものは若い頃に慣れ親しんだという経験と完成されたデザインに寄せる信頼だと思う。

赤いダッフルを着るとなぜか元気がでます
マラソンの応援に行ったり、冬の海に行くときも、このスタイル

　特徴的な留め具トグルで前を閉め、大きな両ポケットに手を突っ込む、そんな行為も懐かしく楽しめるのはわれわれ「二巡目」世代だからこそだ。タータンチェックのマフラーの代わりにファーのショールを首に。頭はスカーフで包む。毛糸の手袋の代わりに革手袋を。かっちりしたハンドバッグを持ってみる。初代ダッフルから数十年たった今は、あの時とは違った着方をしたい。年代に合わせたあしらいを余裕で受け入れてくれるのは、完成されたデザインならではだ。

　軽い素材で作られたダッフルも見かけるようになった。年代に合ったダッフルと着方は必ずある。

娘と行ったユニクロで買ったニットのタートルワンピース。娘は紺色を、私は黒を選んだ。一緒に入った試着室では並んで映ってる鏡を見て、

「おなじの着てるのに、なんか違うもんみたいだ」

と不思議そうに、かつ愉快そうに笑う娘は失敬千万なヤツである。しかしながら私もまた同感だったので、

「だあねえ」

と爆笑だ。

コートの中に着る用の一枚にいいなと購入した。コートの中で薄手のニットワンピースはもたつかずに着心地もいいし黒×茶も好みの組み合せ。色がシックなときには、ちょっとインパクトのあるバッグと靴を合わせたい。金属ビーズと木製のビーズ、それにキラキラのガラスビーズもついているハンドバッグはヴィンテージのものだ。あまり物が入らず実用には向かないけれど、「手に持つアクセサリー」としていい。足元は、ゴツめのウエスタンブーツで。

同じニットワンピ。「きれい目」にサラッと着こなそうとしていた娘。

私は、もはやきれい目に着こなそうとは思わなくなった。

「着こなしのねらい」があるとするならば、マイシックだ。頭に叩き込まれたチープシック、40年かけてマイシックに育ったようだ。

チープシックからマイシックへ

私なりのチープシックに

ヒョウ柄のコート

たぶん、歳を重ねたからこそ着るようになったと思うヒョウ柄。若い頃もスカーフやバッグなど小物では取り入れていたけれど、コートなどもっての外〜っ！と強く敬遠していたのはいつ頃だったろうか、思い出せもしない。今では、フェイクファーのヒョウ柄のコートが大好きである。古着店で購入したアメリカのヴィンテージだ。大きめの6つのボタンがいちばんの気に入りどころである。

七分袖なので、ロンググローブをはめてタイトスカートでちょっとレトロなモードっぽく着るのが好き。靴はウエスタンブーツ。華

Bag
…何にしようかなー……
ウエスタンブーツ

ヒョーとて
気にしなくて
よかったんだったんだ

ウエストでギュッと結んでかっこよく着たい
明るいブルーとヒョウ柄はよく合うなーと思います

奢な靴だとキメすぎと思うから。ボタン全開で、ラフに羽織るようにしてもサマになる。そしてバスケットでより軽快に着こなせると思う。

　ボタンのないラップコートの方は防水素材のコートだ。パリッと立つエリが「真面目」な感じがする。デニムのストレートパンツやダンガリーシャツを合わせ、カジュアルに着ることが多い。

　昔より似合うようになった気がするのは、服に対する気負いが消えたせいだと思う。「似合う！と思って着ると似合うようになってくるの法則」は自己流で思い込みかもしれないけれど、おしゃれは思い込みからスタートしていいと思う。

東京蚤の市
ポーカーフェイス、敗れたり

ゆとりがあるとかぶりやすい

ベレー帽で のっぺり感防止！

ちょいと斜めに
ベレーとメガネやサングラスの相性はグッド！
浅くかぶって若々しく

出がけに鏡をのぞく。最終確認である。気持ちを落ち着けて忘れ物がないかな？ともう一度考える。忘れ物はなさそうだけど、なにかどこか抜けているような感じがすることがある。シンプルなワンピースや単色の長めのコートを着たときなど、なんだかのっぺりとした自分が鏡に映っているのだ。歳とともにメリハリが減っていく顔とカラダだもの、なにか対策を！と思うよ。色が少ないのと、ポイントがないからだろうと察する。そんな場合には、ベレー帽が役立つ小物となってくれる。

　ちょっとだけ斜めにして耳を出して浅くかぶる。髪をまるっと帽子の中に丸め込んで大ぶりのイヤリングを。などなど頭への載せ方を工夫するだけで、大きく印象を変えることもできる。

　圧縮フェルトのものや、毛糸で編まれたもの、ウール生地をはぎ合わせたものなど素材は様々。自分の頭に合ったひとつを探しておけば、出がけのなにか足りない、どこか決まらないというときに役立つはずだ。

　ジーパンにタートルというシンプルな普段着にも、コートにチェックのマフラー、ブーツといった外出時にもベレー帽はよく合うはず。

　フェルトのベレー帽を買った。少しきつかったので、お湯につけてボウルにかぶせて伸ばし、サイズを調節した。フェルトなら、こんな調整もできるのねと、ピッタリサイズになったベレー帽に愛着が湧いた。

出かけるとき
この上にコート着てます
あしたは雪かなー

シンプルな装いとベレーで、
一気におしゃれに！

映画からヒント

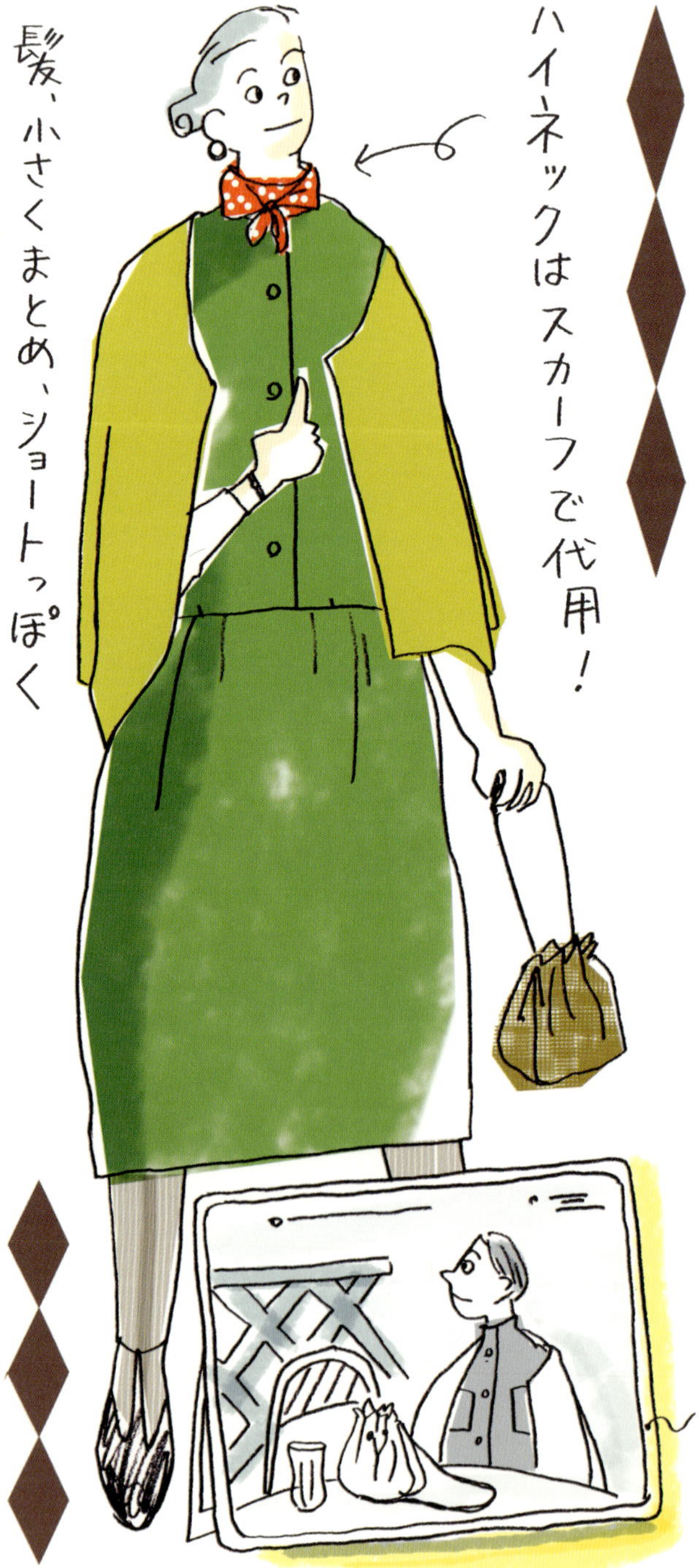
ハイネックはスカーフで代用!
髪、小さくまとめ、ショートっぽく

ゆっくり時間ができた日。映画でも観ようかな……。レンタルＤＶＤ、モバイルのアプリでもと、今どき選択肢がいろいろあるけれど、ソファーに寝転んで観たいから、タブレットにする。

クラシックな革のバッグとラフィアのバスケットの二個持ち
これならアンティーク物もラフに使える！

飲み物とつまみを用意したらウヒヒ♪のプライベートシアターである。ストーリーと一緒にインテリアにも目をこらす。

昔々観たことがあった映画をまた観ると、ぜんぜん違った見かたができて、ああそういうことだったのか！と初めて合点がいったりもするのだ。歳月のおかげである。

『勝手にしやがれ』はボーダーが印象的だけれど、その他の着こなしもすごく素敵なのである。ちょっと高めのネックのワンピースにカーディガンを肩に羽織り、小さな巾着袋を持つ姿は、時代も歳も問わないスタイルだと思う。明日、ウールのスーツに巾着袋を合わせてみようかと、ヒントをもらう。『ミス・マープル』で見かけた革バッグとバスケットの二個持ちもかっこよかった。新たに買わなくてもまねできるスタイルというところもうれしい。細部もよく見ようと、一旦停止も度々。

気むずかしい首周り

帽子とヘアバンドの中間かな?

ブローチの出番!
ドレッシーにもイケてましょ?

大きな鏡の中に、ロッドをたくさん頭に巻きつけた大仏さま状態の私が映っている。肩幅広くマッチョな美容師さんが丁寧に細いロッドに髪を巻きつけてくれる。「だんだんと枯葉の舞う音が変わってくるんですよ」と手を止めることなく教えてくれた。お店の前は大きな公園で、木々が生い茂っている。日々聴いているからこそわかることなん

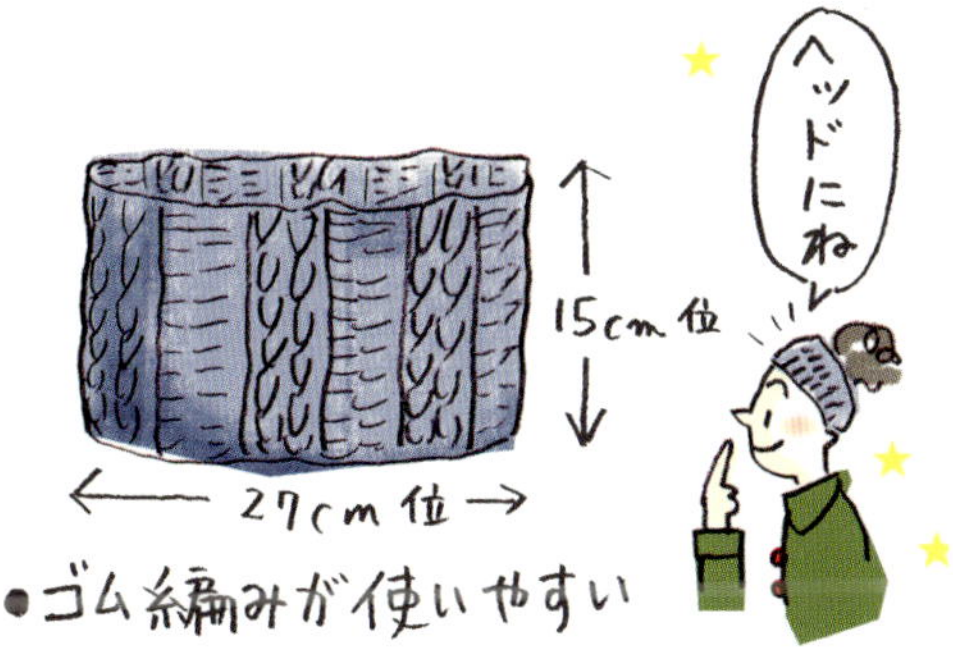

だな、ふーむと感心した。

着るもので一日中不愉快になってしまうことがある。タートルで外出したばかりに途中から首が締め付けられるように息苦しく、またジットリ汗をかくいやな感じ。早く帰りたくてたまらなくなってくる。ならば気持ちが落ち気味な日は、服装で快適になるのでは？反対の法則である。

頭に巻く用として編んだのだけれど、首巻きとしても使っているターバンのようなニット。柔らかい毛糸で編めば、トロッとした優しい感じになるし、ハリのある毛糸では立ち具合のよいエリになる。ブローチでタックをとって留めるとおしゃれなエリに。ゆとりを調節できるし、暑ければパッと外してしまえる。

年々ほんの少しのことが着心地の良し悪しを左右するようになってきた。それは気むずかしくなったってこと？いや、ますます洗練されてきたのだと信じよう。

きれいに仕上がったパーマの髪で、サクサクと落ち葉を踏みしめて家に帰る道。途中手芸店に寄って、毛糸ひと玉を買う。今回は上質なのを張り込んでみた。

日々のちょっとした事ごとにも耳を傾け、一緒に変化していきたい。

引き出しの上のシーズン

クリスマスの頃にはこまごま飾ります

真夏は「波浪」の文字アレンジの手ぬぐいとストローハットと魚などで涼しげに

テレビ台にもちょうど良し

いつもは花と趣味の小物を気分によって並べています

桐の４段の和服ダンスの引き出しは、リサイクルセンターで購入したものだ。小田原への引っ越しのさい、使えなくなった大きなテーブルや椅子やタンスを処理場に運び込んだあと、ちょっとね、ついついお隣のリサイクルセンターに寄ってしまったのだ。

「私の手放した家具だって、きっとこんな風にリサイクルされるのよね」と、捨てた後ろめたさに言い訳するように、リサイクル店内を眺めた。そして目が合ってしまったのだ！この大正時代のタンスと。

４段の引き出しは半分に分かれるようになっていた。２段ずつにすればちょうどいい高さ、ひとつはテレビの台として使い、もう半分は茶の間でチェストのようにしたいとすぐにイメージができた。これだ！と即決した。引っ越し先の家に似合わないわけがない。イメージした通り半分はテレビ台に、もう半分はこまごまとしたものを収納して日々開け閉めしている。上には、花を置いたり季節のイベントごとの飾りをして楽しんでいる。

12月には土でひねられたサンタさんが上り、お正月にはお鏡餅。３月にはおひな様を並べる。夏は海のイメージで。季節を感じる飾り棚として、日々楽しめる場所ともなった。

あの時リサイクルセンターで見つけて、本当に良かった。新しい家のために買った古い家具がとてもうれしい。

こたつとストーブ料理

新しい家具、もうひとつ。それはこたつだ。

「ストーブだけじゃ寒すぎるよ。こたつを買ってあげる」

と、娘夫婦から年末のビッグプレゼントをもらった。6人でもゆとりをもって座れるようにと大きいサイズだ。さっそくこたつに入りぬくぬくする。このなつかしい暖かさはいったい何年ぶりだろう。こたつ布団のカバーも欲しかったけれど、気に入ったものがなかったので大判ショール2枚をつなぎ合わせて作った。

日向ぼっこしつつ、こたつでトロトロと昼寝するひとときったら、絵にも字にもかけぬほどの気持ちよさ。

「ぬ、抜けられぬ、足抜けできぬ、さては地獄の入り口か〜」

とかなんとか一人時代劇しながらの30分は、時間のムダ遣いではなく至福タイムだ。

引っ越しでは暖房器具もいろいろ処分してきた。でもどうしても捨てられなかったのは1台の石油ストーブだ。あの炎が赤々と燃えるストーブ。ヤカンをかけておけば湯気がいつでも立っているし、お鍋を乗せておけばいつの間にか煮込まれているところが心強い。大好物の牛すじやモツ煮込みは、いいストーブ料理だ。

なにもメニューのあてもなく、ただ煮ている日も多い。

ジャガイモとニンジンと玉ねぎ。全部半分にカットして、ゴロゴロと大鍋に入れてストーブの上にかけておく。1時間もすると良い具合に火が通る。野菜の出汁で白濁したスープもおいしそう。

ジャガイモとニンジンをいくつか取り出してポテトサラダにしてもい

和室にこたつ。やはりしっくりきます

いし、ジャガをタラコとマヨネーズと和えて、タラモサラダにしようか？お鍋のスープには固形コンソメの素を投入、塩胡椒してソーセージを仲間に入れたらポトフにもなる。と、煮上がってから献立を決めることも多い。もちろんシチューやカレーには最短だ。居間で料理完了し、そのままテーブルに直行の鉄鍋。湯気とおいしい香りに満ちた居間は幸せだ。

　大晦日には、近所のお寺の除夜の鐘つきに出かけた。１０８人中の最初の10番め以内につきたい！と、孫らと勇んで出かける。

新年の引き出し。庭の草花とめでたそうな手ぬぐいを掛けます

　翌朝は、水平線から上がる初日も拝むことができた。日々くりかえされているのだけれど、元旦のそれはまたいちだんと神々しさが増し、新年の抱負などいだきたくなる。「1日中上機嫌で過ごす」をやはり抱負とし「体力増進」をサブとする。

　2日と3日は、国道1号線の道路脇で、箱根駅伝の応援だ。これまた初めての経験でワクワクする。小田原での初めての年末年始は新鮮な日々で、今年もがんばっていこう！と心の底から思えた。

いつもストーブの上にはなにかが煮えています

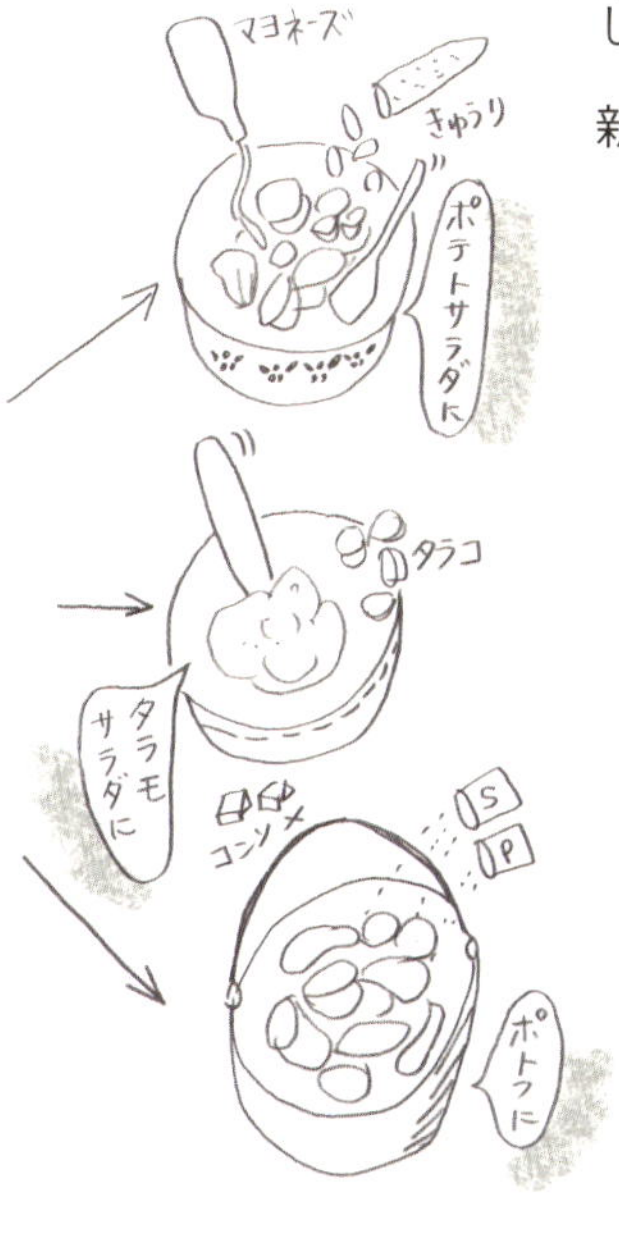

1月。畑を借りた。土いじりはあまり好きではなかったのだけれど、毎日畑や田んぼを見て歩いていると、自分でもなにか作ってみたくなってきたのだ。徒歩5分のところにある貸し菜園を借りた。8畳ほどの面積って、私の手に負えるだろうか？　それよりまずなにをしたらいいのだろうか？　と借りてから悩む始末。眺めていたらお隣の畑の方が
「これから始めるの？」
と声をかけてくださり、それからは「畑のセンセイ」となってくれた。

センセイと私

種芋を半分に切って植えました

まずはジャガイモと玉ねぎ、
にんにくと

畑へ GO!

「まず耕してジャガイモと玉ねぎでもやってみるか」と提案してくれ、男爵イモを14株さっそく植え付け。6月ぐらいの収穫になるそうだ。

ジャガイモのへその芽数が均等にそろった部分で半分に切る方法など教わる。切り口に灰をつけて、そっと土の畝に均等に並べていくのだ。畝の作り方、玉ねぎとはまたぜんぜん違ったりして驚きの連続である。

「葉っぱが出た時に、全体がそろってて、見てくれがいいと畑がきれいなんだ。きれいな畑になるとだいたい育ちもいいもんだ」

とか、

「美的感覚をもって畝を作ると、結果よく育つ」

など、私の畑のセンセイの発言はいちいちステキなのである。左右の幅が少々詰まってても、上下の幅をとってあればジャガイモはのびのびと育つそうだ。

「手をかけないとダメになるよ。でもかけ過ぎるとくさるよ」

なにか、私ってば畑仕事からどえらいもん教えてもらっている気がしてきた。

塗り替える

ちょい飲み机の脚の部分に色を塗ったのと同じ頃、棚にも色塗りをしていた。食器類をうんと処分し、小ぶりな棚ひとつにしようと努力した。カメラとか趣味の小物をディスプレイしていた夫の部屋の棚。今度は台所で食器棚として使うことにしたのだ。

扉にムラなど気にせずペタペタ塗っていくと、みるみる印象が変わっていくのが楽しい。取っ手もちょい飲み机のとおそろいにする。これでなんとなくの統一感が出たように思った。塗り替えること、もっと気軽にやってもいいかもしれない。イメージチェンジができるし、元々気に入った家具だもの、もっと「自分寄り」になってくるような気がしてならない。愛着が湧くということかも。

ホコリが網目に詰まって汚れていた古い箱のバスケットを洗って、塗り替えてみた。10代の頃から使っているバスケット、経年ゆえの飴色も良かったけれど、思い切ってブルーに一新して洗濯物入れとして現役だ。

子供らが小さかった頃、お弁当を入れてよく持ち歩い

天板のみ塗っていません

ラフな塗りだけど、ガラスのところはだけはマスキング

ていた思い出いっぱいの両開きのバスケットもお色直しした。今は玄関で靴磨きセットや雑巾など入れて使用中。

ふと気づくと「50年超え?」なんていうバッグや洋服、家具もある。手元でヴィンテージになったんじゃん！とびっくりだ。ずっと大事にしたいと思うのと同時に、捨てるべき時がきたらキッパリと処分しようとも思う。捨てる努力と使い続ける気力はいつも同等である。

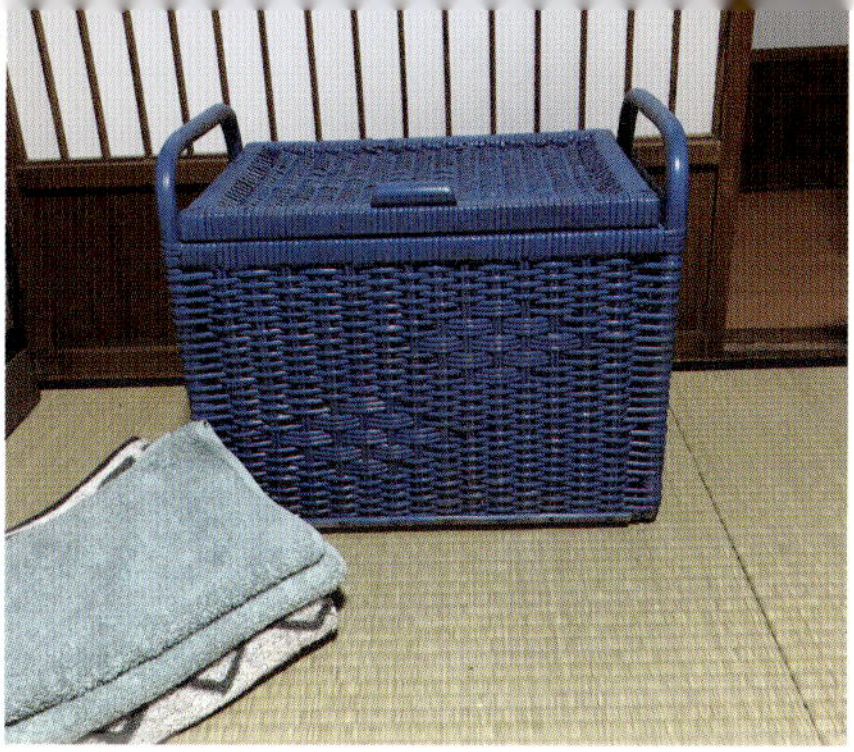

お色直しもいいね

古い箱のバスケット
よく洗って乾かしてから
作業に入ります

SOMAY-Q
染めQ
こっちは編み目が細かいので
染料スプレーにしました

慣れ親しんだカゴバスケット

ペイント、楽しいー

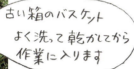

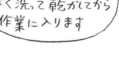

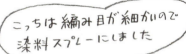

夜の自由時間

早朝には溜めていた家事をし、午前中は義母の通院の付き添いで二ヶ所の診察を受けにいく。午後は確定申告関係のことにやっとこさっとこ手をつける。そのあと仕事。夕飯後も、のろのろな進行だけど続きをした。午後11時半、やっとひと区切りつき、

「よくやった自分、一杯いきまひょか〜♪」

と心の友に呼びかけたのに、ガガ〜ン！　ワインもビールも買ってなかった〜。

しかしぜひ飲みたい気持ちは岩をも動かすのである。いざコンビニへ！　と、冷えきった空気の中、コートを着込んで出かけたのだ。

昼間より澄んだ空気が心地いい。電車の音も深夜ならではの深い響きだ。ほほが冷たく固くなっていく。コンビニで、５００円ワインと鯖の缶詰をひとつ買う。オッサンの買い物かっ！　と自分

突っ込み入れつつ柿ピーも。

もし私が本物のオッサンであったなら、どこか近所の居酒屋かひなびきったスナックに向かったかもしれない。いや、きっと行ったであろう。そして、一杯やったその帰りにはどこかで酒とつまみを買い、家でネットニュースなど見ながら飲み直したであろうことは容易に想像できる。じゃ、最初からコンビニワインと鯖缶で正解なのだ。これ、女のフリーランサーの醍醐味とは言い過ぎでしょうか。

日中より潮の香りを強く感じるのは、乾いた鼻のせいかも。鼻の穴を開いて、夜風をグッと吸い込む。

いつもの川には、ジョナサンも鴨も見当たらない。きっと草むらの安全な場所で休んでいるのだろう。人間ごときに見てわかるようなところにいるわけがないよね。

30分後に帰宅。みんな寝静まって、「シーン」と音がしてるような家に戻り、鯖缶をパッカーンと開け、ハーフボトルの赤ワインはグラスに2・5杯。竹製の孫の手で、乾燥してかゆい背中をザッザしながら飲む。まったくおいしい自由時間だ。

カルガモ親子
岸には花々

軽やかに 春

新しい家事と庭でもちょい飲み

縁側の雨戸をガラガラと開けて、ドタピシャと戸袋にしまわないと夜が明けない。北側5枚と南側9枚の雨戸たち、そうそう簡単には戸袋に納まらないのであった。とくに雨でやや湿ったときの雨戸は、滑り悪いし。うーんもうイケズゥ〜、あるいはコンチクショウ、なぜ動かぬっ！　このこのこのっとか言いながら朝晩、開け閉めしている。

コンチクショウとは言いつつも……それがそう嫌な家事でもないのだ。1枚1枚雨戸を開けていくと、家が1枚分ずつ明るくなっていく。

築80年の古民家には敬意をはらわずにはおれない威厳がある。雨戸もまた然りだ。

新しい家事がひとつ増え、また新しい楽しみも増えた。それは庭でのちょい飲みで、こっちは午前中のお茶タイムである。

スーの散歩のあとや、庭そうじの合間にひと休みする。カフェオレなど持ち出して庭で一服する楽し

クランベリーの鉢を見ながら一服

み。縁の下に入れてあったブロックと古い板で簡単なテーブルにした。畑仕事と同時進行で、庭には花の咲く植物を育てたい。コスモス、紫陽花……借家だからあんまり根の張るものは避けようか、とかね、あれこれ思う。

土いじり、今まで全然好きじゃなかった。大きい声では言えないのだけれど、爪の間に土が詰まるあのなんともいえない閉塞感がたまらなくイヤ。でも変わるものである。自分にビックリ。土いじりがこんなにおもしろいものだったなんて。カフェオレ飲みながらニタニタしちゃう。

干しておいしく

アジもきれいに開かれた方が
きっと幸せだよねー

初めて作ってみたアジの干物。一夜干しである。

魚屋さんのと比べると、まず左右均等にさばけてないところがイマイチ。

ま、いいか？と思っていたが、焼くとね、火の通りにムラが出てしまう。「左右均等に開く」が今後の課題だ。包丁の切れ味もよくないので、キッチンバサミも使ってさばいたのだった。

塩加減も甘すぎたようだ。食べる時、お醤油をたらした。次回は、食塩水につける方法ではなく、直接塩をふりかける方法も試してみたいなと思う。締まった味のアジを味わいたい。

アジだけではなく、いろんな小魚でもやってみたくなった。「干す」

はとにかく旨味が増す調味料に間違いない。一夜干し、天日干しの差も試してみたいことだ。

近所の魚屋さんに、干物作りのコツをうかがったら、魚の脂ののりによって塩加減を変えているとのことだった。天日干しでは身の色の変化をよく見ること！とも。フッと変化する瞬間があるそうだ。

「でもさ、うまくいかなかったら、うちで買えばいいからさ」

と豪快に笑っていた。店の奥の方から奥さん（お母さんだったかも）が、

「干物は失敗なんてない。開いて干せば美味しくなるの。開かないでもいいんだよ」

とアドバイスを飛ばしてくれた。干物は失敗なんてないっていいっ！

野菜も干して、水分を少し飛ばすと甘みが増す。キノコ類はとくに旨味が増すようだ。

半端に余った野菜も干す。
魚と一緒にも

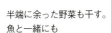

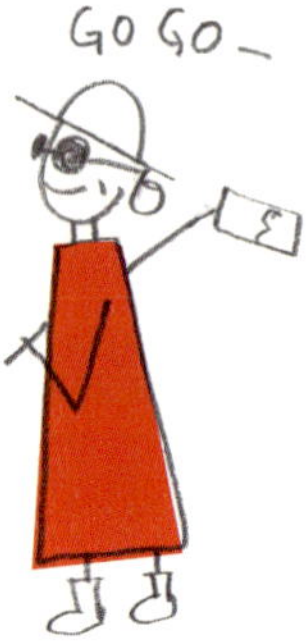
GO GO–

春の畑へGO!

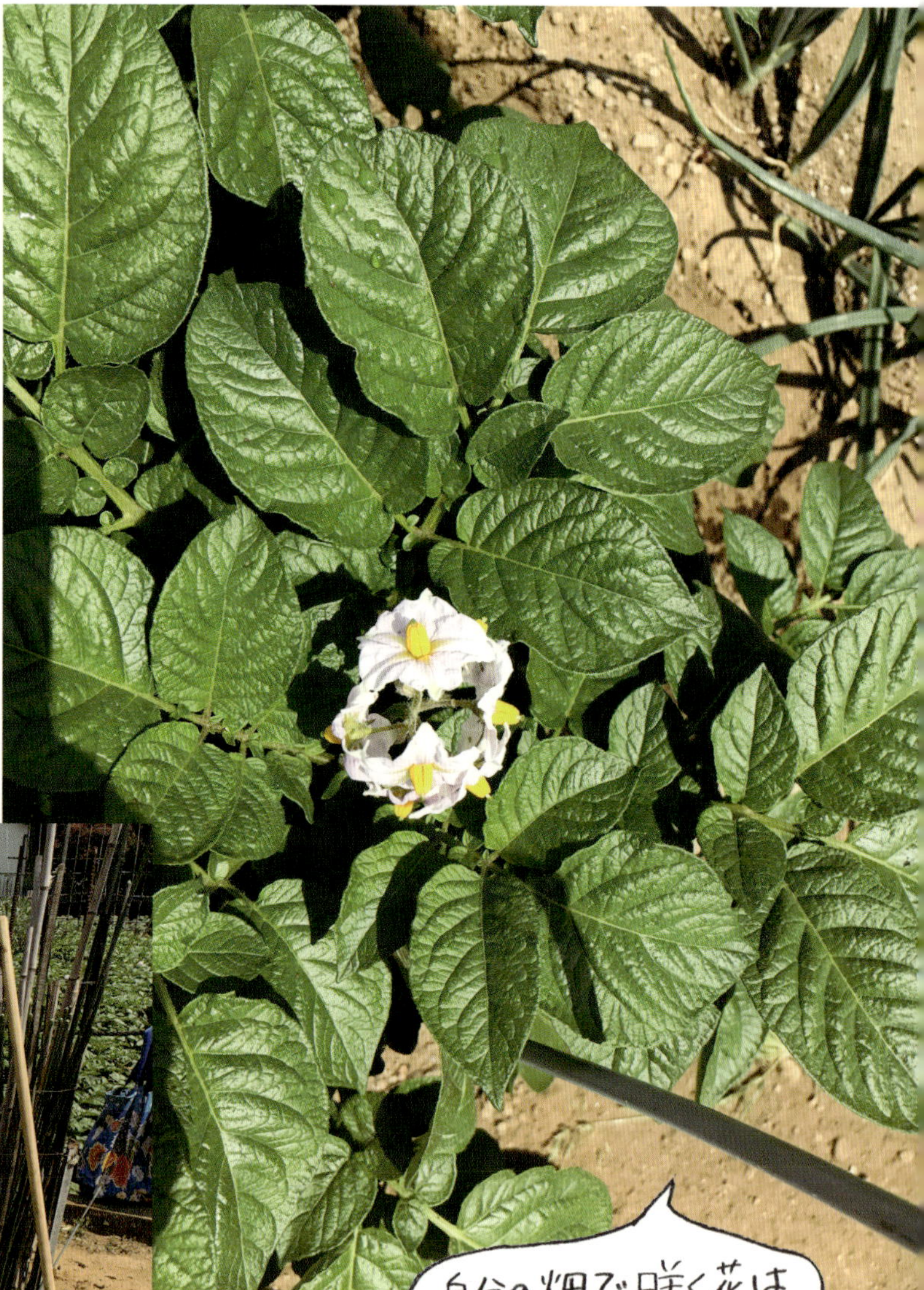
自分の畑で咲く花は
とくにかわいい

孫もついてきた日

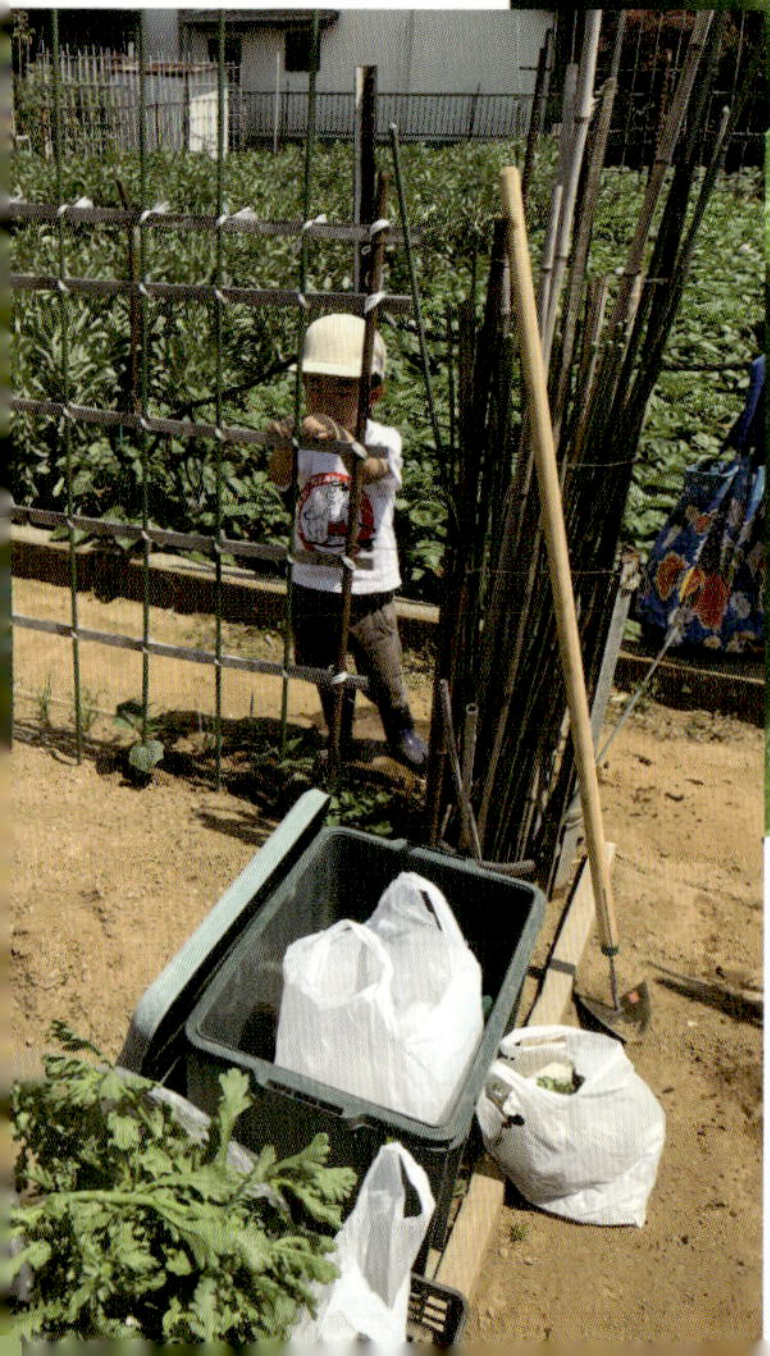

草ってすぐにはびこるねー

ジャガの赤ちゃんだな

ジャガイモの花が咲いていた。こんな可愛い花だなんてびっくりである。遊びに来ていた孫を連れて行ってたので気遣ってくれた畑のセンセイが、

「ちょっと掘って見せようか?」

と言ってくれる。こんな可愛いのが土の中で育っているなんて! ピンポン球くらいだ。このジワジワくる感動ってなんだろう? ジャガイモの胎動を感じた(あ、それはちょっと言い過ぎ)。午前中は孫と春菊の収穫や草取りなどする。

午後は、近所の海岸で凧あげをしたり、持っていったフライドポテトでおやつにしたり。

海岸でおやつにしました

春のヒッコリー

大きくてカラフルなアクセサリーを！

桜並木を歩く、毎日の散歩。つぼみの変化がおもしろくてたまらない。「人生は出会いと別れのくり返し」って本当にそのとおりだなあと思うのも、必ずこんな桜の咲きはじめの頃だ。桜のマジックのひとつかもしれない。

ヒッコリーストライプのオーバーオールをだぶだぶさせて着ていたのは20代の頃だった。バンダナを首に巻いたりワークブーツを合わせたり、アメリカンな着方だったなあ。

ヒッコリーとは綿織物のデニムの一種で、黒や紺地などのストライプが入っている先染めの生地。名前の由来は木目の細かいクルミ科の木材。生地は昔、伐採や道路工事などの作業用に作られたものだということだ。

ヒッコリーストライプを、歳を重ねた今また着たくなったのだ。でももうオーバーオールではなく、ジージャンタイプのジャケットで手に入れた。ワンピースにアクセサリーをたっぷりめにつけ、足元は女性らしい靴、さっと肩に羽織ったりもいいな。

服とも出会ったり、はなれたりを繰り返す。やっぱりめぐるめぐるよね、洋服も。

さっと羽織って出かけたい
スカーフと帽子で私流に！

品のある おおらかさが最強

ワイシャツを長くしたデザインのワンピースは春にぴったりだ。ラフとだらしなさって実に紙一重なものだから、気をつけないとパジャマっぽくもなってしまう。でもほんの少しの工夫で、楽でなおかつおしゃれに着こなせるはず。

私だけのおおらかさを見つけたい！
パールネックレス
革バッグ
ローファー

夏にはノースリーブのワンピースの上にサラリと羽織りったりと、着回せるアイテムでもある。出かけるときは、ネックレスやシフォンのスカーフを首にあしらえば、きちんとした印象になると思う。花のコサージュは軽いアクセサリーだ。革のバッグと光沢のあるローファーにソックスも素敵。

今日はどのコースでいこか？
Dog

ウエストマークのベルトをするより、ストンと着た方が今はしっくりくる気がする。包んでくれる安心感もありがたや。ふわっと空気も一緒にまとって布がはためく感じが気持ちの余裕にもつながり、おおらかなおしゃれに見える。

無理な着こなしはもうしたくない。でも楽々だけになってはむなしいかぎりだ。おおらかさをこれからのおしゃれの指針に加えたいな。着るものばかりでなく、生活にもいえることかもしれない。品のあるおおらかさが最強だ。

家でのんびりする日にも・・・・

さて行ってくるか・・・・
更新。5年ぶり
（↑運転もしてないし）

白のビッグサイズで
ふんわりおおらかに

白い服には小物が大事

肌の色も色のうち・・・

白いシャツの季節だ。デニムやチノパンツに合わせオーソドックスに着たいなと久々に思った。春先からの白シャツは、少々肌を多めに出して着るのが清々しいと思う。ボタン3個外して深いVゾーンを作り、袖を2回折って七分袖に。パンツの裾を3回折って半端丈にする工夫。これで肌をけっこう露出できたことになるだろう。白いシャツからの反射効果で、顔がちょっと明るめに見えるラッキー。大きな柄のスカーフをターバンにして巻きつけたり、カラーのパナマ帽もいいポイントになる。足元はアニマル柄の靴でおしゃれ度をアップしたい。白シャツとデニムやチノパンの組み合わせは、シンプルでカッコいいものの代表だけれ

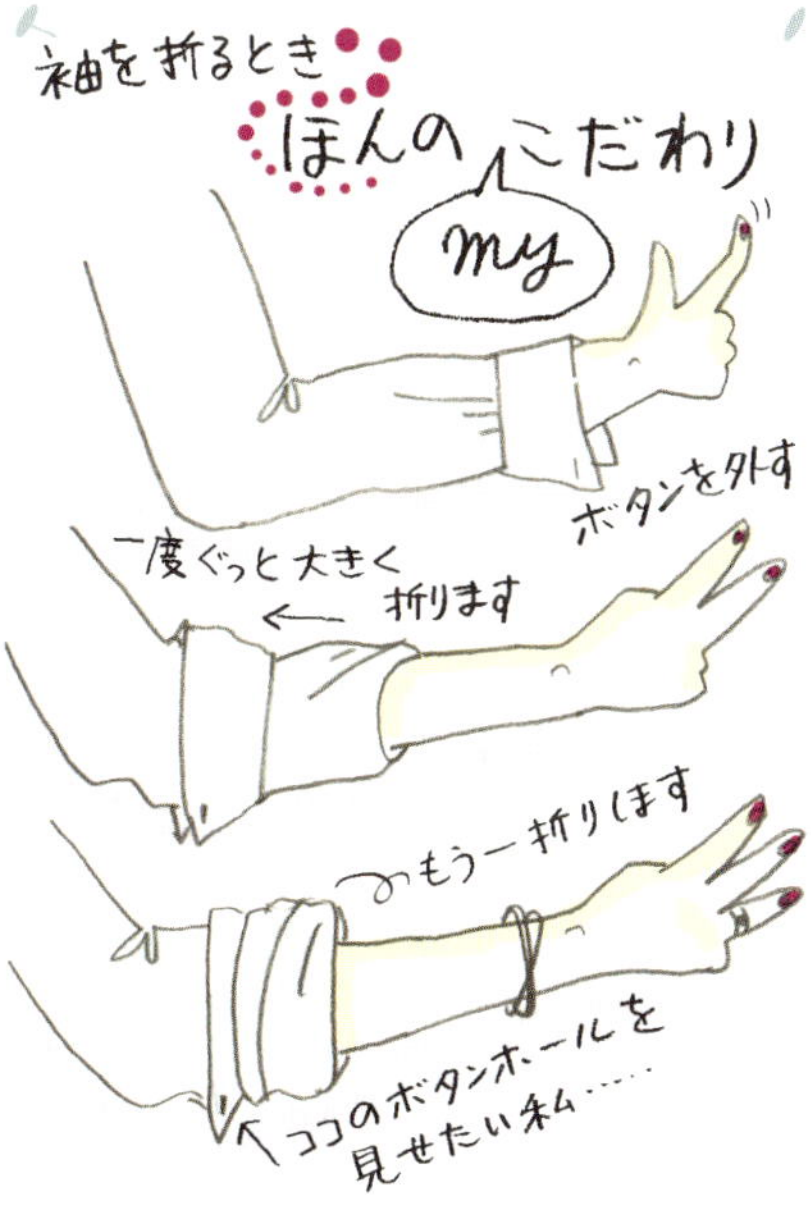

ど、「シンプルさが貧相に見えないように」の工夫はゼッタイ必要と思う。不幸を背負ってるふうに見えてはもったいないから。

白のワンピースには、ゴツめのショートブーツを合わせたり、チノパン＋白のビッグシャツには大きな革バッグで全体の分量のバランスを合わせたりと小物でよりおしゃれに着こなせると思う。

失敗の服が輝くとき

お店で目についたピンクのワンピース。フワッっと着たら気持ちいいだろうなとワクワクしながら購入した。大きくＶ字に開いた胸元からのギャザーも好きなデザイン。家で着てみたところ……あーまたやっちゃったかもと思わず眉間にシワが寄ったよ。大きすぎるＶ字ではインナーに気をつけないと中身丸見え状態になるだろう。これはもう部屋着ってことかなと。しかし気に入ったピンク色、普段着ぐらいには使いたい。そこで、胸元には薄手のシフォンスカーフを挟み込んでみた。シルバーのロングネックレスで、ギャザーを抑える。ストローハットをかぶれば、おしゃれなスタイルになった。

なんども失敗から学んできたことは多い。記憶として蓄積もされるだろう。衝動買いのしくじりが身にしみ、「これ好き!」とか「いちど着てみたかった!」などの直感や、純粋な憧れを否定しがちになっていく。しかし、過ちのない服だけを目指すのはつまらない。直感や憧れはおしゃれの基本だ。「失敗の服」に潜む魅力が「本当に好き」かもしれないから。

「失敗の服」がとても似合う服にもなりえるのだ。

いい白が たまる場所だからだろうか・・・・
たくさんの 物が 集まっているのに 重たく見えないコーナー

廊下の突き当たりの隅っこをミシンコーナーにした。南側のガラス戸からはいつもさんさんと日が入ってくる。カーテンレールにS字フックを引っ掛けてバスケットをいくつか下げる、吊り下げ収納である。前の家では、壁に突っ張り棒を渡して、そこに下げていた。かさばるカゴやバスケットは仕舞うより、掛けておいた方が断然使いやすい。日にさらすことになるけれど、いい色に日焼けするのもいいかも！　と思ってそのままに。ストローハットも同様である。散歩と畑に欠かせない帽子類も掛けて収納がいちばんいい。

穏やかな日の中でミシンを踏むのはゆったりした気持ちになる。作るのはカーテンとか布バッグなど、主に「直線縫い」でできるものばかり。実家からもらってきた足踏みミシンは、糸調子が良くないこともたまにあるけれど、なめらかに踏める現役ものだ。

使用してないときは、おもちゃ置き場になる。孫のおもちゃをバスケットに入れて置く。今年買った帽子ふたつ、追加で掛けても違和感なしにみんな溶け込んでいい感じである。眺めがいいとはこのことか？　とさえ思う愛すべきうちの中の風景。

丈が長くてギャザーのたくさん入った大ボリュームのスカート。上に着るものをコンパクトにしてなおかつウエストインにすると、ボンキュッボンの形できれいに着られるだろうなあと思うけれど、ピッタリとしたものはどうもね、気持ちがソワソワしてしまうのだ。コンパクトにはならないけれど、ワイシャツの腕をぐいっと捲り上げロングスカートの上に着る方が年代的に落ち着く気がする。頭部を小さくまとめ、首と腕を多めに出し、シャツはインするけれど、ちょっとはふんわりさせておく。服でボンキュッボンの大中小にすればオッケーとしよう。スカート特大、ウエストあたりを中くらい、首から上は小さく。アクセサ

きれいな着方を疑う

足首、多めに出しておこうか

リーは小さめの銀の玉のピアスを耳たぶにのせるくらい。冬になったら、フィッシャーマンセーターを合わせ、どーんとしたビッグ＋ビッグもやってみたいと思う。ブーツでキュッの部分をつくりだして。

シャーリングの入ったブラウスも、なかなかボリュームのあるトップスだ。下半身はデニムのスキニーか、ストレートパンツでキュッと締めたいところだったけれど、あえて横幅のあるパンツを合わせて着てみたところ、穏やかな気持ちで過ごせるいい組み合わせになった。

いつのまにか頭にこびりついてしまった「当たり前のきれいな着方」、ひょっとしたら自分には似合わないかも？　と一瞬疑ってみてもいいのではないか。おしゃれと自由は同義語だから。

アクセサリーで
いろいろ楽しめる！
ちゃんとしたい日は……
丈を短めにしてショッピングに♪
人と会う日に……

引っ越しやリフォーム、海外旅行、はたまた二泊三日ほどの旅行でも気分はリフレッシュで一新することだろう。でも今すぐ実行！　ともいかず、準備するものもあるしねえ。その点、規模はうんと縮小だけれど部屋の模様替えやカーテンなどのファブリック類を替えるのは、現実的で効果もあるリフレッシュだ。洋服も、小物などで雰囲気を変えられる点はよく似ている。

数年前、紺色のワンピースを買った。七分袖で、ストンとした形で伸縮性のある生地だったのでなにかにつけて着ることができた。パールを多めにして観劇に、ただシンプルに着て友人と買い物にと、目的に合わせて着回すことができたのである。

春夏用に、ほぼ同じ形でノースリーブの一枚を手に入れた。これまた濃紺なので派手めなアクセサリーを合わせたり、緩めのベルトとブラウジングで丈を調節してみたりとアレンジしている。自分なりの法則をいくつか見つけてうまく回せるようになると「数なくてもイケるぞ」と思えてくる。あまり着なかったよそ行き系の服の整理もはかどるようになる。暮らしのどこか一ヶ所がクリアになると、気持ちに風が通る。そして今度はなにをしようかと次のことにつながっていくのだ。生活の一新って、こういうことなのかもしれない。

秋冬はジャンパースカートにして

黒のアクセサリー

いい個性だけをひきだしてくれそうな黒のアクセサリー

昨年、全く袖を通さなかった衣類が何点かあった。それは黒のタートルとジャケット、ワンピースも。以前はなにかと重宝していたのに、黒のものはほとんど出番がない。黒は着る人の個性をぐっと引き出す効果のある色だ。でも一方でくっきりしたシワとかくすみとか、あんまり際立たせてほしくないものさえ同等に引き出してくるように思う。

淡い感じの色のものを身につけたくなるこの頃。パステルカラーの服装には、黒のアクセサリーがとても合うのだ。一気に洗練されたおしゃれになる。小さい黒だから、良いところだけを際立たせてくれるのだろう。

おもちゃっぽいアクセサリーや、つやのあるイヤリング、アンティークのブレスレット。キリリと黒を効かせて楽しみたい。すっかりダメになる色などないのだ。取り入れるアイテムが交代していくだけなのだと思う。ブラックのマニュキュア、黒水牛のツノの指輪などは雰囲気のある大人の感じだ。

頭のネジをゆるめて

部活のOB会のお知らせをもらってから、迷いに迷った。学生時代からほぼ40年ぶりに会う部活仲間だから、出席することはすぐに決めたのだけれど、1泊コースもあり帰宅時間を気にせずに夜も楽しめたらいいなあと思ったのだ。

久々に会う友人ばかり、泊まりたいのはやまやま。でも、スーの散歩や義母の食事のことが気にかかり……息子に、どっちにしようか迷ってると言うと、

「40年ぶりに会うんでしょ？　そりゃ楽しいに決まってるし。むしろ泊まってよ」

と言ってくれる。

ではではと泊まる決心をし、家の戸締りのことや、スーの世話のこと、おばあちゃんのご飯のことなどを話しはじめると、

「大丈夫だから。心配しないで行ってきなよ」

と送り出してくれた。

こんなことを言う息子に育てた覚えはないけれど、そういうことを言ってくれる男になっていた。ありがたくお言葉に甘え、家のことなどはきれいさっぱりと忘れて、1泊でOB会をめいっぱい楽しんできた。少々飲み過ぎて記憶もぶっ飛ぶほどに。

息子の言葉にハッとしたところもある。それは、自分のしたいことを「誰かのため」とガマンなどしなくてもいいということである。ガマンの対象の「誰か」も疲れるというものだ。

息子は、義母との夕食をコンビニ弁当にしたそうで、翌日の朝食も5時半にスーの散歩に出かけた際に購入したサンドイッチで済ませたという。けっこう楽しい2日間だったと。

頭のネジを少しゆるめるとラクになるんだなと思った。頼れるところは大いに頼り、省ける部分は思いっきり省いてもいいのだ。そんなに自分は重要人物でもないと気がつき、頭のネジをゆるめたとたんにうまく回り始めることもある。

後々……ケガで1週間ほど入院を余儀なくされたおり、ショートステイに義母をお願いしようと迷いなく思えたのも、息子の前振りのような発言からである。朝昼晩朝昼晩、義母と一緒にとる食事がめんどうになったら、お弁当を作り置き（または買ってきて）さっさと出かけて気分転換を積極的にするようにもなった。

暮らしや子どもとの関係に段落や区切りがつく時がある。卒業とか結婚とかね。そして「ネジをゆるめる用のドライバー」を息子から渡された瞬間も、ひとつの段落だったと思えた。

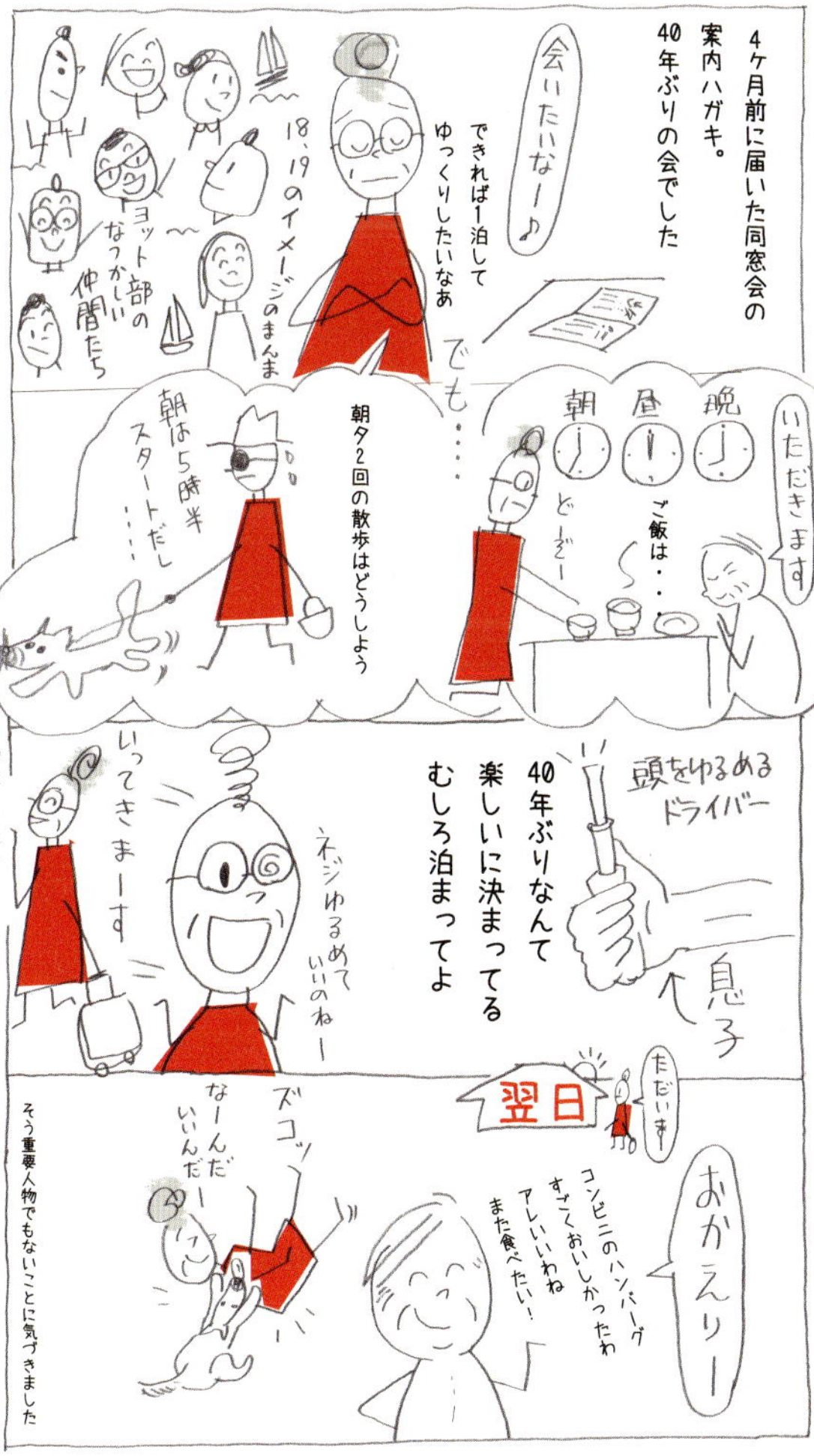

（スーには重要なカーサンだけど）

ラクとおしゃれ

テントラインの形とかストライプの太さ、V字の首回り、隠しボタンの前立てもいいし、脇のスリットの深さも好ましい。気に入ったワンピースが50パーセントオフになっていたので、ウヒョッ！ と店頭で手に取った。けれど……あれ？ う〜〜ん？ これは？ と一瞬手が止まったのは、思ったのとは違うさわり心地の生地だったからだ。素材はなにかとラベルを見たらポリエステル100パーセントと書かれていた。コットン、麻、絹、カシミヤ、ウールなどは馴染み深いし、手ざわりでわりと判別がつく。しかし、ナイロン、レーヨン、ポリエステル、アクリル、キュプラと、ケミカルが混ざってくると判別がつかなくなる。コットンとレーヨンが混ぜ合わされていたりすると、これまたよくわからなくなり、ただ着心地だけが、選びどころのポイントになる。

天然素材がいちばんと思う反面、化学繊維のすごさも身にしみて感じる。あったかい靴下や、サラサラした下着などは化学の賜物である。

ポリエステル100パーセントのこのワンピースは、果たして空気の通りとかシワの付き方とかどうなのだろうか？ 試着した感じは、やはりコットンとは違うけれど、心地よいサラサラ感もある。50パーセントオフでもあるし、と買うことにした。

意外に吸汗性がよかったり乾きもよかったり、シワシワになりにくかったりとかね、いいところがたくさん見つけられるかもしれない。ひとつだけ心配なのは、熱がこもらないか？ということだけである。

　これからのシーズン、着ていて暑いのだけはたまらないもの。真夏になる前に試しておこうか。

テントラインのワンピースが多いこのごろ。ぽっこりしたお腹を隠せるし着ててラクだし、買い物にも出かけられる。でもラクな服はうっかりするとだらしなく見えがちだ。髪を整えアクセサリーをつけるなど、キメるところは押さえておきたい。

「ラク」と「だらしなさ」は表裏一体!!　ってことをいつも心に置いておこうと思うよ。

ラクとおしゃれは両立するか？
させたいよねー

夏の夜空は格別

快適に 夏

夏から始めた3つのこと

海のそばに引っ越したことがきっかけになったと思う。海のスポーツをなにか始めたくなって、スタンドアップパドルに目をつけた。略してSUP（サップ）である。ボードの上に立ってパドルで漕いで水の上をスイスイ進むのだ。スピードや技を競ったりする大会もあるけれど、私はのんびりと水上をたゆたうだけが目的のサップである。ボードなどの道具はショップで借りられるし、インストラクターの方にもついていただけるので、すぐに始めることができた。

しかしボードの上に立ち上がるのは、エイヤッ！の勇気と決断がいるのだ。若いときだったらホイホイとできたであろうことも、いちいちエイヤッ！となる。

しかし海に漕ぎだすとやはり楽しくて、だんだんとスタンドアップもできるようになっていく。海で遊んだあとは、自分比だけどなぜかいつもいい顔になっているような気がする。なにかが潮水で洗い流されるのかもしれない。

もうひとつはウクレレだ。夫が以前に使っていたウクレレ、放っておくのもなんだし……という理由で手に取った。しかし始めてみたらこれがおもしろいのである。楽譜は読めないけれど、押さえるところの印のついたコード表を見ながら弦をはじくと和音になる。3つ4つコードを覚えるとウクレレといっしょに口ずさめる曲や歌もけっこうあり、どんどん楽しくなっていく。レッスンのDVDを見ながらポロンポロンと。DVDの先生の言葉「1日5分でいいから毎日さわりましょう」と

SUP のあとのビールは
おいしさがちがう！
いい顔にもなろうというものだ

なんとか立ち上がっているところ。ゆっくり進む

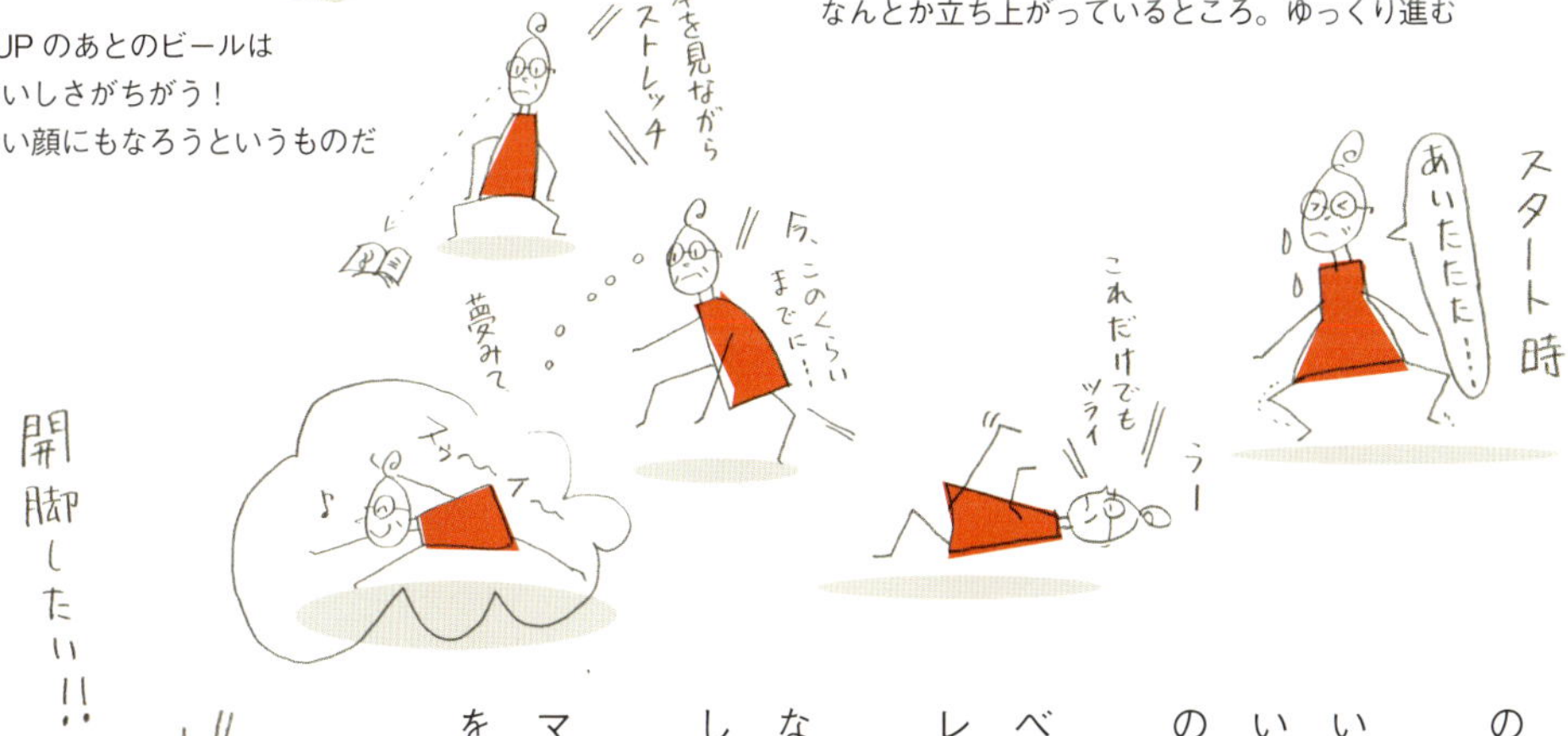

の教えを守って日々ポロンポロンしている。

どっちも「必ずものにしよう!!」との強い思いはない。まずは興味を持てて始められたことをよろこびたい。海に出ると心底さっぱりするし、ウクレレの音はのんびりの元だ。

硬くなった股関節をほぐすべく屈伸をしていた時に、ベターっと開脚できたらいいなと思いつき、開脚ストレッチも少しずつ始めたところだ。

3つのことはどこかでつながっていたのではないかな。始めたいと思ったことは、きっと今自分が必要としていたことなのだろうと思う。

ウクレレで「Silent night」をレッスン中。クリスマスには家族を驚かせてやろうじゃないか！　と大志を抱く。

梅雨時、爽やかに

雨戸を開けると空気が重く感じられるときがある。髪の毛がいつもに増してボワ～ンとしはじめて、ああ梅雨に入るんだなと実感する。

先日のポリエステル100パーセントのワンピース。年々敏感になっていく素肌に化学繊維100パーセントはいかがなものか？　と思ったけれど、デザインもさらっとした質感もいい。ガシガシと洗濯も遠慮なくいけそうだ。麻や綿に比べ乾きが早いところは、梅雨のシーズンにぴったり。ポリエ

さわやか系の色柄でまとめて……

ステルとポリウレタンの混紡でできたノースリーブのワンピースも梅雨用にと手に入れた。ノースリーブにしたのはコートの下にも気軽に着られるように。真夏にもきっと便利な一枚になるはずと見越して。

ボワ〜ンとなりそうな髪の毛先に、スクワランオイルをほんの少しもみ込んで抑えてみた。長めの髪なのでくるっと丸め込んで、お団子ヘアにする。おくれ毛が疲れた生活感につながらぬよう、そっとピンで留めるよ。ターバンでまとめてしまうのも梅雨時には有効なヘアスタイルだ。ロングでもショートでも幅が広めのショールやスカーフで巻けば、年代を問わないカッコいい爽やかさが出ると思う。

初めはちょっと躊躇してしまうターバンだけれど、練習でコツはきっとつかめると思う。黒地で細かなドット柄や、ベージュといった髪に溶け込むような色柄のショールを選べば、思いのほか似合うはず。

夏の足元

若い頃「ひと夏スニーカー」と言ってはワンシーズンで白いスニーカーを1足履きつぶしていた。いつも夏にむかう頃になると真っ白なスニーカーに目がいくのは、あの頃の名残かもしれない。

今年は初の「真っ白な革靴」である。柔らかな革のダンスシューズはさすがに軽くて歩きやすい。薄いソックスを何色かそろえておいて、服に合わせて選んでいる。

普通の布のスニーカーより手入れがしやすいってことにびっくりだ。クリーナーで拭けば輝く白さがよみがえるよ。

それともう1足手に入れたのは、ゴツさのあるサンダルだ。スーとの散歩用である。足の指が丸出しになるので、ペディキュアをさっそく塗った。うんと派手な、手の爪には躊躇してしまうような色でも足だといける！　ゴツさのあるサンダルには、より派手色がマッチするようだ。

カラフルなビーズのアンクレットを足してもいい。夏の靴は足に優しいのがいちばんである。外反母趾とか、かかとがバリバリでカサカサとか爪の変形とか、いろいろお悩みどころが多くなってくる足。洒落ていても、はき心地の悪い靴は足が断固拒否する。しかし、歩きやすさだけに気を取られていると、おしゃれが足元からどんどんなおざりになっていくようだ。足元には全体をまとめる役割がある。服選びより慎重にしなくては！　と思う。

夏の靴だった「ひと夏スニーカー」を思い出し、またヒモで締めるバスケットシューズが履いてみたくなった。丈の長いワンピースに合わせてもいいな。色はアイボリーか薄いグレーが今の歳の気分かも。

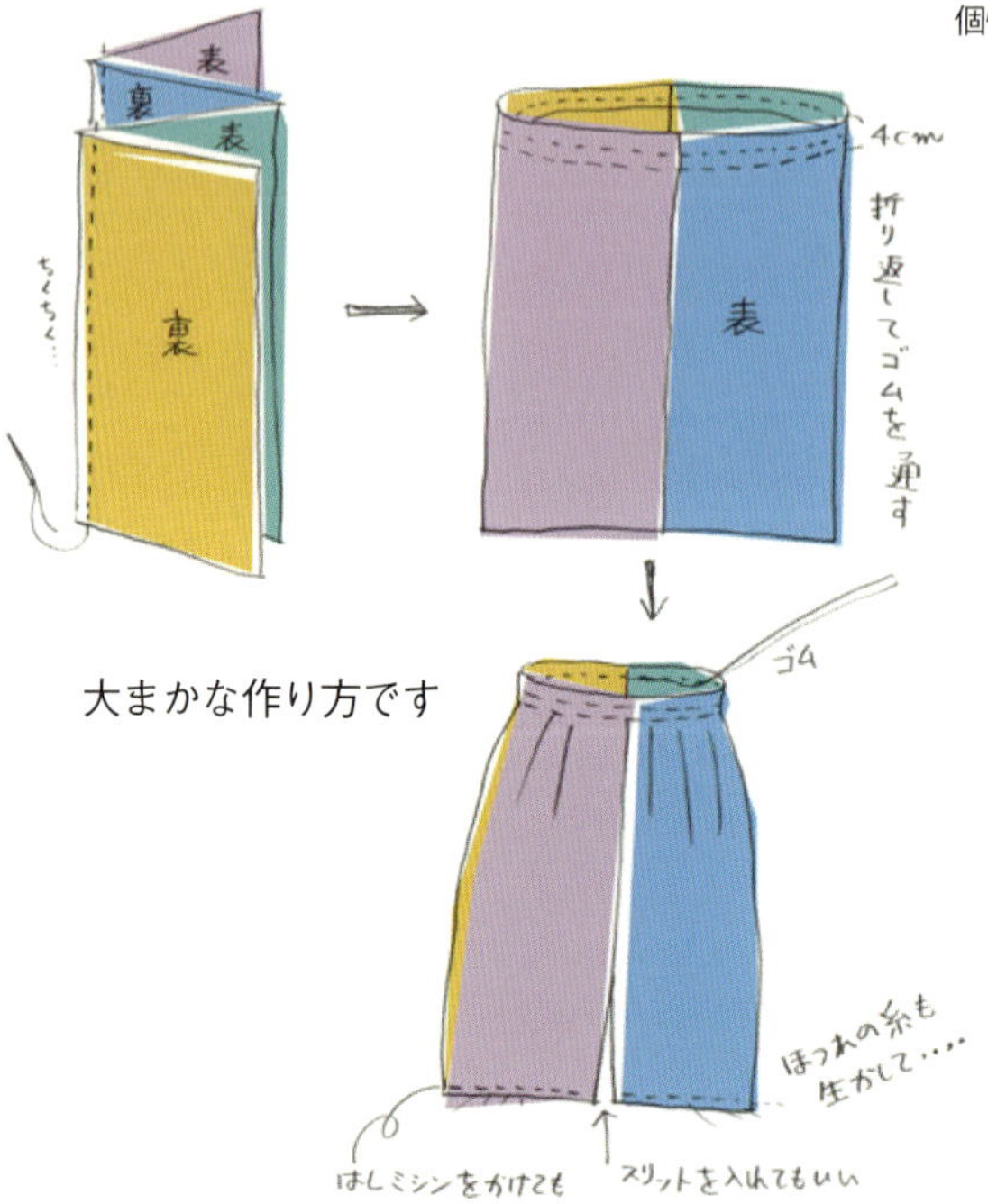
表
裏
表
裏
ちくちく…
4cm
折り返してゴムを通す
表
ゴム
ほつれの糸も生かして….
はしミシンをかけても
スリットを入れてもいい

大まかな作り方です

チョイスの仕方で
個性が出ますよね

脇はホタルと水面ね
すだれ柄をメインにしてはいてみました。

手ぬぐいでスカート

ホタルの柄の手ぬぐいをいただいた。夏らしくっていい柄だ。これでスカートがあったらいいなとふと思う。手ぬぐい4枚を筒状にはぎ合わせ、ゴムを入れればスカートになりそうだと思い、3枚買い足して作ってみた。

よく冷えていそうなジョッキ柄とすだれをイメージさせる縞々と、水面っぽいブルーのを1枚ずつ。

どこも切り落とすところなしでチクチクチクチク縫い進む。すべて、直線縫いだ。

ミシンでダダダーもいいけれど、ここはチクチクの手縫いの方が、手ぬぐいスカートには合うような気がする。

裾は、手ぬぐいならではのモジャっとした糸のほつれも生かしたいと思う。でも……あんまりのモジャモジャはうっとおしいので、はしミシンをかけるよう

背中の開きは着てみて調節！

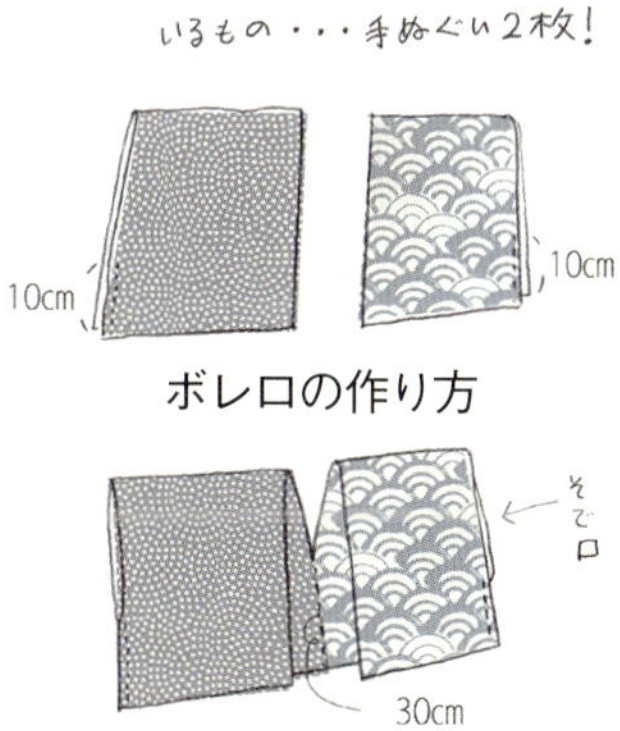
いるもの・・・手ぬぐい2枚！
10cm
10cm
そで口
30cm

ボレロの作り方

に、1周縫っておいた。

4枚の手ぬぐいはそれぞれ個性的な絵柄である。どこを前にするかで、うんと表情が変わるもの。写真を撮ったときは、サンダルをはいているけれど、下駄と合わせてもいいなと思う
作るときは1度水通ししてから仕立てた方がいいかも。少し縮むので。

（ウエスト部分にゴム通しのため、4センチの折り返しを取ってます。身長163センチでこんな丈感です）

それとボレロも作ってみた。

手ぬぐい2枚で簡単ボレロに。ふたつ折りにしたら、袖口のところと、背中を縫い合わせる。全部合わせても50センチほどの運針である。背中の開きの大きさは、羽織ってみながら調節していくといいと思う（私が着ているのは、30センチ縫ってます）。

手ぬぐいには、伝統的で和風な柄が多いので、身につけると粋な様子も演出できると思う。

浴衣を彷彿させる手ぬぐいボレロ、タイパンツと組み合わせてぞうりを履けば涼しげだ。

そうそう！ 花火見物にいいかも。

粋でしょ？
浴衣のかわりになりそう……

タイパンツと合わせたいな

ミルキーウェイで会いましょう

夫を見送ってから1年。小田原に引っ越して9ヶ月めだ。友だちに来てもらって七夕さまの1日を一緒に過ごせたら……と「ミルキーウェイで会いましょう」の会を思いついた。供養の仕方はいろいろでいい。亡くなった人は「もう絶対にそばから居なくならない人」ともいえるだろう。ならば一緒にひと時を遊べばいいのだ。

夫の命日は7月7日、トラディショナルな行事の日でもある。庭の笹の葉に短冊を飾りつけたり炭火コンロなど出して魚介類のBBQ、好きだった音楽も流しっぱなしにしてみんなで一日中、夜までずっとガヤガヤと過ごしたら楽しいだろうなと思って「ミルキーウェイで会いましょう」の会に友だちを

願いごとを書いて庭の笹に下げてもらいました。色とりどりの願いがいっぱい

誘った。

畑でとれたジャガイモと玉ねぎでたくさんカレーを作り、おつまみもいくつか用意した。飲み物は各自飲みたいものを！ と持参をお願い。当日は50人ほどの方々が、次々にみえてくださり、庭と縁側、ふた間の障子をすべてオープンにして、なんとか座ってもらえた。ちょっとした「学級」レベルである。開け放した窓や戸からいい風がスーッと通っていくのはさすが古い日本家屋だ！ 夕方にはお坊さんになった息子の友だちに、お経をあげてもらう。

台所番に名乗りを上げてくれた若い友人が台所関係を仕切ってくれた。来てくれた方々へのお土産は、夫が7歳の時に描いた絵を和紙にプリントして手作りしたうちわを1本ずつ。

義母と過ごす時間は、夫と一緒だった時間をスラスラスイスイスイ〜と軽々超えていく。私の人生の相棒はひょっとしたら義母なのかもしれない。ふたり並んで初々しいお坊さんの読経を聞けることを言祝いだ。いい一周忌になったと思う。

「家の道具」というタイトルの夫の絵。昭和のお釜とコンロにグッときます

旅の理由

年齢を重ねてくると、旅行に出るにもひとつひとつ理由が必要になるのだ。

深く考えもせず、フットワークも軽やかに出かけられたころもあったな〜と、目をうつろに泳がせちゃうよ。

45年前、われわれは鷹の台にあった女子寮で出会った。みな地方からの女子。初めての「東京」での生活は不安とうれしさが混ざったドキドキの、初々しい気持ちだったはずだ。

寮では、たったの1年しか一緒に生活してないのに濃密な時間を過ごした仲間。

仲間のひとりは、実家の旅館であとを継ぎ「女将」になった。

「いつかは訪ねて行きたいね〜」と3人でメールやラインで連絡を取り合ってから何年たっただろうか、いろいろあってすぐGO！とはならなかったけど、なんとか2泊3日の鳥取旅行実現にこぎつけた。岡山で合流し、いざ鳥取へ。

土産物屋さんでうろうろしていたときのこと。ご主人から言付かったというお酒の銘柄を一生懸命探していた友。「えら

いねえ、ご主人思いで」と冗談まじりで言うと、「また出してもらいたいからね〜」と笑いながらかえされた。胸がキュンとした。ああ、その気持ちよくわかるわ、わかるわよ〜と。

円満なご夫婦だけれど2泊3日の旅はいろいろと「生活の調整」がいったはずだ。仕事のあんばいもせにゃならんし。まあね、そうそうはね、主婦が家を2日間以上も空けるのは気も使うし。いちばんは夫。「出してもらえる」とは、干渉やしばりのことではなく、お互いの気持ちの問題である。私は頭の「ネジをゆるめるドライバー」を入手したのでそこんとこはスルーできるけれど、友だちが発した「また出してもらいたからね〜」に、香ばしい花林糖の香りをかぐ。

すっかり女将が板についている同級生を見ると、時の流れの早さを感じるのと同時に、また時が逆流するかのようにいろんなことが思い出され、みんな笑顔がこぼれるばかりだった。美術館を巡ったりお城に行ったりと観光もしたけれど、やはりいちばんは友だちと大笑いし合ったこと。別れぎわ「また会おうね〜」と言い合う。

「会いたい人に会いに行く」が旅の理由って、なんて素敵なことだろう。

つやつやした収穫

夏の畑は目が離せない。朝のきゅうりが夕方にはふた回りもビッグになっていたり、ちょっと放っておくとトマトに割れ目が入ってしまったりするのだ。

畑のセンセイは親切に丁寧に教えてくれるのだけれど、すぐにトマトの脇芽が伸びきっていたりと、本当に気ぜわしい夏だ。

雑草も勢いよく次々に生えてくる。絡みつくタイプや横に這っていくタイプなど雑草も個性的なので、「抜き方」もそれぞれに対応だ。しかし、暑い夏だ。太陽が昇りきってしまうと、畑に行く気持ちがすっかり萎えてしまう。夕方にしようと思っていても、夕方もいつまでも暑

水の心配も。夏はねぇ

葉っぱから根っこまで、全部いただきます！

ていねいに1つずつ・・・・

それぞれに、味のちがうトマト。形もいろいろ

いのよね〜これがまた。暑さとの闘いであった、作物も育てる方も！

全部初めて作る野菜なので、トマトは4種類やってみた。黄色いの赤いの、サイズがちがうのとかね。グリーンの硬い小さな実が日に日に色づき大きくなっていくところを見るのは、本当に楽しかった。朝露に輝く姿には感動する。

春に植えたトマトやナス、きゅうり、白ゴーヤは次々と食べごろになり、毎日の収穫に心が躍った。昼ご飯のためにナスとピーマンをもぎにいき、すぐに炒めてそうめんのおかずにする。夕方には、ラディッシュとレタスをとってきて、オリーブオイルと黒胡椒、塩のみでいただく。これ、贅沢のひとつとカウントして間違いないと思う。自分で育てたとなると、ラディッシュのしっぽのところさえ

も捨てがたく、またおいしいものだ。

トマトと白ゴーヤは豊作で、たっぷりのオリーブオイルでよく炒め保存した。トマトソースのベースにしたり、ニンニクやベーコンと一緒にスープにしてもおいしかった。ズッキーニ2株は、残念ながら途中で枯れてしまった。来年の夏への課題だ。

白ゴーヤは初めて見たもの！ 自分の畑で成長するところをずっと見ていられたのはラッキーであった。普通の緑のゴーヤよりまろやかな味わいである。苦味が少なく実も厚いような気がした。薄くスライスしてみずみずしいところをポン酢でいただくと、さっぱりとしたおつまみになる。

畑からの恵みって偉大である。どうして土と太陽と雨だけで、こんなおいしい野菜ができるのだろう？ と素朴すぎる

きれいな白ゴーヤ。中も真白

オリーブオイルでよく炒めておくとなにかと便利に使えます

畑からテーブルに直行です

けれど、根本的かつ神秘的なものに対する疑問も湧いてくる。そしてそれなりに手をかけると、応えてくれるのだ。

畑のセンセイに、

「またリスクの高いもんに手出すね～。でもなんでもやってみることだ」

と言われながら育てた4株のスイカ。予定の半分以下の出来だったけれど、スイカの赤ちゃんのような芽から見ていられるのは、食べる以上の幸せ感を味わえる。でも食べたら食べたで、とても甘くておいしかったわけだけど。

夏野菜を終え、畑の片付けを済ませると、今度は白菜とかネギとか春菊など大好きな「鍋物」の準備のために土を耕す。

アロハ〜な柄で

海沿いの、ビーチ雑貨のお店でワンピースを見つけ試着した。おお！　と思う。それは私には初めてのハワイっぽい柄。しかし紺地に白の葉っぱの模様だったので似合うような気がしたのだ。海のそばに越してから、初めて迎える夏だ。日々のスーの散歩で海岸を歩いてはいるけれど、もう少し積極的に海での遊びやスポーツも楽しみたいなと思い始めていたところだったので、アロハ〜な柄のものが気になったのかもしれない。

ハワイアンな模様はハッピーな夏を強く感じさせる。ストローハットにアロハ模様の布をひと巻きするだけでリゾート気分になるように。白のTシャツにア

ロハ柄のスカート、ワンピースだったらカーディガンやショールを羽織って、顔まわりの色はスッキリとしておくと、派手めの柄も涼やかで品良く着られると思う。顔が色柄負けするのは避けたいから。「ほどほどの面積の夏模様」がいいな。

　素足、サンダル、天然素材のカゴやバッグ、ストローハットなどなど夏小物にアロハ柄とシルバーはとてもよく似合

お、いいかも…
好きなもんは好き！
デニムにもよく合います

顔まわりはアロハ柄おさえめで…
シルバーのアクセサリー

う。若い人たちは軽快に肌を見せ、軽やかに夏ファッションを楽しむ。私たちもまた軽快かつ余裕のある着こなしをしたいと思う。ほどほどに取り入れることが余裕につながる。

　孫と一緒に近所の海岸で遊ぶ。多めの露出もハワイアン柄なら許される！とは勝手な解釈か？

布に描く

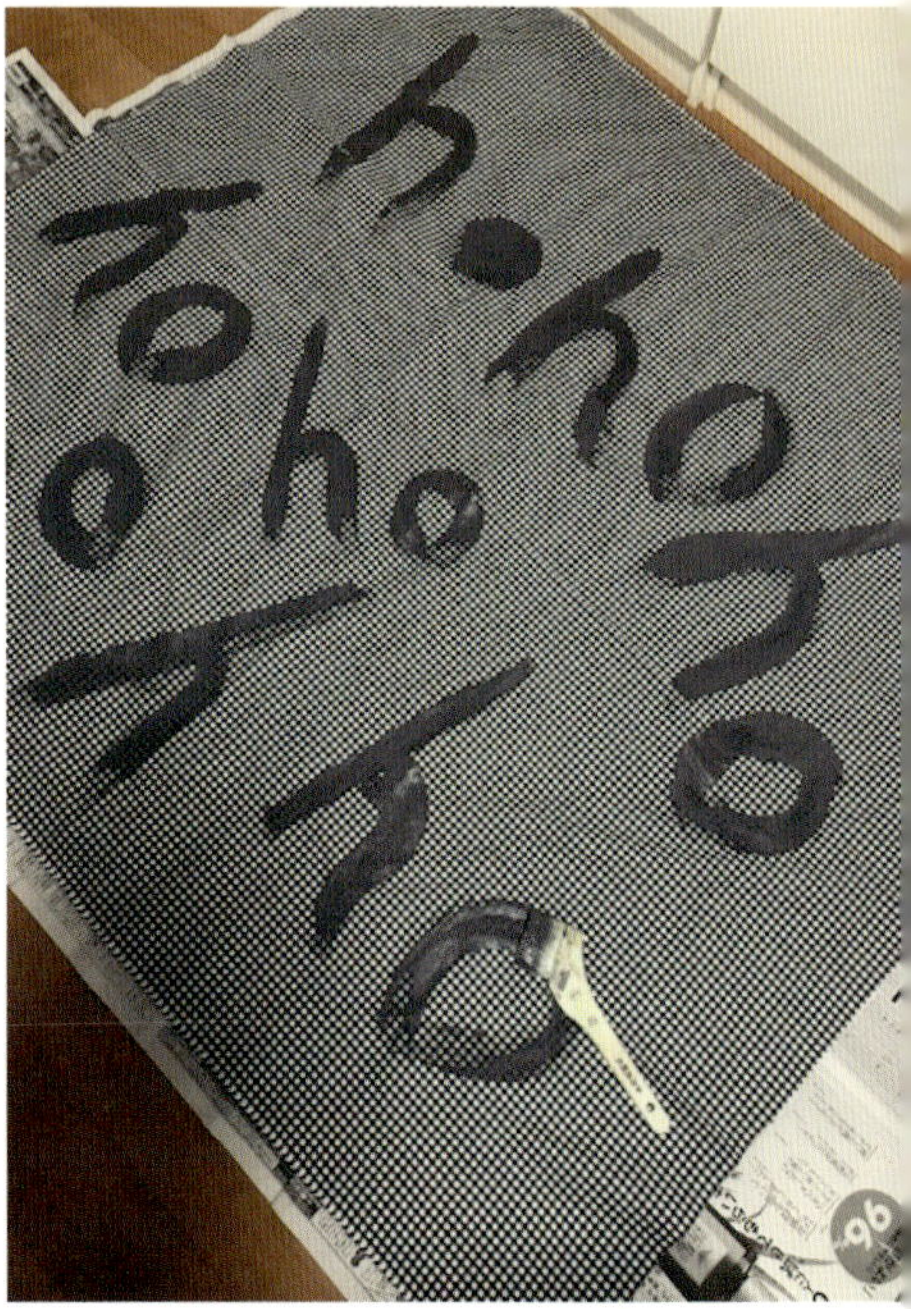

太い筆で大胆に描くのがポイント

120センチ幅で2メートルの布を「私のベース」にパーっと広げて

白黒の細かいギンガムチェックの布に、ぐいぐいと布用の絵の具で字を描いてスカートにしてみた。ちょっと個性的なスカートになったけれど絵の具をグレーにしたので、地の色と溶け合って、いい感じになったと思う。絵の具がポタポタと垂れたところもあるけれど、そこもまた模様？ 味？ として気にしない。手芸や工作は、やりだすと楽しいものだ。

以前手ぬぐいで作ったスカートも、今回ペイントしたスカートも、どちらもウエストにゴムを通しただけのギャザースカートである。出来上がりも早い。ひと夏ふた夏楽しめたら十分だと思って作ると気がラクだし、より楽しくなる。

ギンガムチェックにはボーダーTシャツも合いそうだし、水玉のカーディガンもいいかもと、制作途中から着こなしや合わせるものを考え始める。今日作って明日身につける楽しみは、手芸工作の醍醐味である。

ちょっとした面積を必要とする手芸工作、まずは「部屋片付けてから……」と思うと、腰も上がりづらくなるものだ。始めたら熱中するほどおもしろいということは知っているけれど、おっくうな気持ちが先に立ってしまうものよ。

でも自分の遊びのベースとして、家のどこかのスペースを決めておくと、おっくうさは半減されると思う。私は玄関を上がったところ。2畳ほどの板の間にはいつも椅子1脚と小さい飾りテーブルがあるだけなので、なにか広げたいときはそこを利用する。居間のテーブルの上をきれいにしなくても、いつでもパーっと広げられる私のベースだ。

ウエストゴムのギャザースカート
ギンガム・ボーダー、ドットの組み合わせもいいな

畑のスイカ。最初は葉っぱのかげに
隠れ気味でかわいい

おめかしおやつ

真ん中の花は、お互いの顔が隠れないように低めに

初収穫のスイカで、ちょっとおめかし目なデザートを作ってみた。トロピカルな組み合わせでいいかなと思って。

「ココカラ大学」というサイトは、いろんな先生たちがお料理やDIYや健康に関することなどを書かれている講座のサイトだ（私も生活のいろいろを書かせてもらっています）。その中でのタイ料理の講座の中にあった「ココナッツミルク寒天の作り方」を参考にして作ってみた。それと、畑からとってきたスイカね！ 友人が遊びに来るというので急遽作ったわりに、おいしくできたと思う。

　それともうひとつ「家庭で楽しむテーブルウェアセッティング講座」も

ココカラ大学のサイト
https://kokokaradaigaku.com

参考にしてテーブルの上に食器や花を並べた。高さや色などポイントになることがいくつかあり、すぐに家でできそうなことのみ取り入れてやってみた。

和室の座卓なので、テーブルマットは手ぬぐいでとか、器はそば猪口を使ったり自分流だ。小さな空き瓶があったのでキャンドルスタンドとする。明かり取りというのではなく、話の盛り上がりにもひと役！との先生のアドバイスで。

小さいけれど、ちょっと特別な感じのするキャンドル、真夏の昼間、それも座卓にどうなんだろう？と思ったけれど、やってみるとかわいいひとそろえに見えた。むしろ揺れる炎が涼しげに見えてくる不思議。もちろん友人との話題のひとつにもなった。

初めて育てたスイカを食べてもらいながらの1時間ほどが充実したひと時に思えた。親しい仲だとだんだん「おめかし」することを忘れてしまう。ふだん通りのラフなお茶の時間は和むものだけれど、時々は整えたテーブルで向かい合うのもいいなと思った。

プロの方のアドバイスで、今あるものだけでもすぐにできることはたくさん。アドバイスからチクチクと刺激を受けるということだろう。

遠方より来てくれて、ここで始めた生活を一緒によろこんでくれた友だちがありがたい。

台所のちょい飲み机 2

すき間でもちょい飲み

もやしを蒸して三つ葉を散らしただけ。こんなのがおいしいおいしい

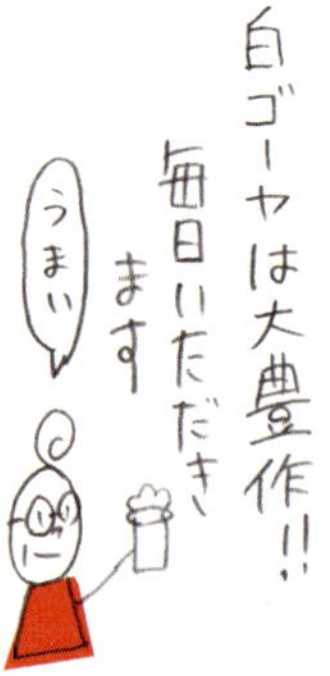

夏野菜の素揚げ

長ねぎとピーマンと熱燗。お湯が沸くのを待ってる時間に

生しらすと薄めのウイスキー。揚げたこ焼きひとつでちょい飲み

ふっくらと育ったそら豆
甘い！

お湯、待ちながら

キャベツの芯と玉ねぎ、ブタ肉を蒸したもの。おいしい七味をたっぷり目にふっていただきます

生しらすと生姜、クゥ〜〜！畑のトマトにはオリーブオイルとコショウだけでいけます

この時のために
育てた枝豆！

ちょい飲み机の棚は、すのこ板4枚を組み合わせて作りました

カンタンなのに
おいしい一品！

とってきたきゅうりとナスをさいの目に切って醤油をかけたおつまみ。いただいたミョウガも混ぜて、夏の味！

絵が生きるように裁断し、黒い布と合わせました

友だちが、日傘をパッと広げて見せてくれた。それは古い着物をほどいて、日傘に仕立てたものだった。ところどころにある小さな染みさえも、なんともいい味になっている素敵な日傘であった。でも傘ってそもそも自分で作れるものなの？と疑問と興味が湧く湧く。

すぐに作り方を聞いたところ、骨と型紙のキットが売られていて、その説明書通りに縫えばだいたいできるということだった。

それと「わりと簡単」のひと言で、私もすぐ作ってみよう！の気持ちになったのだった。

ぜひあの布でと思いついたのは30年ほど前に買った安西水丸さんの絵の布地だった。よくぞ思い出した。

ハリネズミの布だけでは日傘に足りないので、別の布も間に入れた。

根気よくチクチクと縫い進めれば、傘の形になっていく。うんと難しい技はいらないけれど、根気は必要だ。友だちの言っていた「わりと簡単」の「わりと」の意味がわかったよ。姉にもプレゼントしようと、ギンガムチェックでもう1本作ってみた。2本目になれば、コツもつかむ。

日傘とバスケットを持ってのお出かけは夏ならではの装いだ。帽子がかぶりにくいお団子ヘアにも、日傘は欠かせないし。

日傘の骨と型紙のキットは、手芸店やネットでいろんな種類が販売され、手に入れやすかった。私がこだわったのは「ゴツゴツしたバンブーの持ち手」の1点。

骨を広げると、布は自然とピンと!!

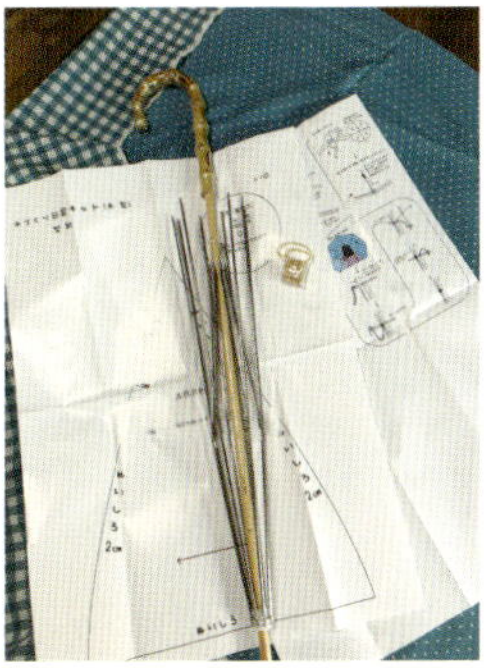
骨と型紙のセットで売っています

暑いと出かけるのが本当におっくうになる一方だ。「あっそうだ、あの日傘さしてこ!」と思えることが救いとなればいいなあ。

多少の難もかわいく思える

入院

1週間ほど入院をした（鼻の骨を折ったのだ〜）。入院当日まで4日ほど間があったので、入院支度は念入りにした。パジャマを中心に7日分プラス予備2日分も。家の者には来て欲しくない旨を強めに伝えた。一時とんでもない顔になるとドクターから言われていたので見せたくなかったから。

　でもそれ以上に入院ライフをひとりで満喫したかったのだ。外科の手術で退院日も決まっている入院だからそう思えたのかも。音楽を聴いて過ごそうと、欲しかったCDも購入しておいた。真夏とはいえ空調バッチリの病室、パジャマは長袖を基本にし、気分をちょっとでも上げるべく着たことのなかったピンクのストライプのパジャマを新調していった。

　前開きのテントラインのワンピースをガウンのように羽織ものにしたり、コットンのショールで頭を包み込んだりと、普段とあまり違わない格好である。鼻から頬、おデコにかけてのギプスのついた顔は、薄紫っぽい色でところどころ小豆色も群青色もあり、鏡を見るのが怖くなるほ

携帯電話、手鏡など小物をセットに!
abc

ど〜。ジェイソン状態で過ごしていた。(イラスト内では自粛しています。笑)

当たり前だけど病気やケガっていきなりだな。一挙に気持ちがどーんと沈むわー。岩石が2つ3つ心にのしかかる感じも。しかし入院が決まってしまったら、さあ退院までのカウントダウンが始まったのだ!と考え、その間できる範囲で「病院ライフ」をゆっくりと楽しめばいいと思うことにした。パジャマしか着られないのではなく、最上級にラクに過ごせる服を選んで持っていく。

同室になった方とちょっとおしゃべり。

「その布の帽子素敵ですね!」

「いいでしょ? 他のも見せようか」

と10個ほどもある帽子をベッドに並べてくれる。かぶり方などいろいろ試して楽しむ。

「今日のパジャマにはこれかしら」

とコーディネートも。

点滴のポールをゴロゴロ引っ張りながら富士山の見える窓のところまで歩くのが、日課の楽しみのひとつだった。

痛かったり病んでいる時のおしゃれは、けっこうよく効く薬になる。

薬といえば、ひとりだけ親しい友だちに入院を知らせて、ファーストフードの差し入れをお願いした。清く正しい毎日の食事で腸の調子もすこぶる良かったけれど、いわゆるジャンクなものを私のカラダは強く欲したのであった。そして……ジェイソン顔で食べたハンバーガーはこの上なくおいしかった!

ああ ふじさん
ありがたや
ヨロ ヨロ

工作したり
手芸したり
明

続きゆく

秋

今まで何度か「引退」したジージャン。この秋、またまた復活させた。なんだろう、ダメダメとしていた年代って？ 40代後半からだったろうか、「こりゃもう無理だ。肩こるし」と投げ出した思い出がある。

デニム生地がいっそう顔つきを貧相に見せそう……とも感じていた。しかし、最近になりまた着たくなってきたのだ。

やわらかくて軽めのジージャンを肩に掛けてみたら、違和感を感じなかったのでヨシとなった。コンパクトなデザインもいい。重いタイプの生地でできたものを避ければ、コレというものを見つけることができる。

そしてスウェットのパンツにテニスシューズだなんて、ひと回りしてきたような組み合わせだ。いや3回りしたかも？

2周目、3周目に入ったら、よく着慣れた感じの「こなれた着方」を目指したいと思う。肩に引っ掛けるように羽織るだけとか、大きい柄のワンピース

ジージャンとデニム

ジージャン
ボーダワンピース
バスケット

小物で女性らしく
まとめて

あらま、らくちん
ジージャン
ボーダーTシャツ
スウェット
スタンスミス

スウェットとジージャン
のらくちんスタイルこそ
だらしなく見えぬよう、
アクセサリーやシューズ
はピカピカで

と大ぶりのバスケットでサラリと個性を出していく。ジーパンにはヴィンテージのハンドバッグを持つと、いつもとは違った雰囲気が出る。若いころから親しんで着たウエアらにもカッコよく歳をとらせてやりたいと思う。それが「こなれた着方」につながっていくのだろう。

それはそうとジージャン、今ではデニムジャケットというのね！　ジーパンがいつのまにかデニムといわれるようになったのと同じなんだろう。でもやっぱりジージャンはジージャンでピッタリくるのも3周目だからか？

ベレー帽
ホワイトダンスシューズ

大人のトラッドは粋です！

ヘビ皮のクラッチバッグ、フェルト帽。ドット柄のシャツはラフに着ます

ジーパン
ヴィンテージバッグ

小物に気を配ったら
デニムで買い物へ

移る季節

夏から秋にかけての、なんともいえない感じ。「ブラウン系の気持ち」に包まれる。お彼岸は静かに懐かしい人たちのことを思う時間だ。

冬になればまた年末年始、やることもいっぱいで忙しいもの。

貴重な短い期間を大切に過ごさなきゃ……と神妙に思わされるのもこの時期だ。

夏に手に入れた地厚の麻のスカートは地厚すぎて真夏には着なかったので、これからブラウンドットのシャツに合わせてはこうかな。夏と秋が交差する時期は着こなしもまた混ぜこぜがいいと思う。フェルト帽で季節感も出る。サッと出たい時、つばのある帽子は1年を通してありがたいものだ。

もう1着、麻のダブルボタンのワンピース。前ボタンを全部留めてワンピースとしてずっと着ていたけれど、前を開けてコートっぽくしばらく着てみようと取り出してきた。紺色のサルエルパンツに生成りのコート。濃いグレーのシャツに黒バッグ。全体的に黒っぽいので、色を足そうかと思ったけれど、しっくりくる色が思いつかなかったので、黒のアクセサ

リーを足すことにした。指輪を３つ。リングのピアスも黒味がかったシルバーの。足りなかったのは、照りとツヤだったからこれでオッケーとした。

部屋のカーテンが色あせて見えてきたのは、くっきりし始めた日差しのせいだろうか。部屋も自分も色あせさせてはならじ！　と改めて思う。

化粧なしの時こそありがたやー
フェルト帽子

落ち着いた色合いの服には
照りとツヤをプラスで

新しい家事２

雨戸の開け閉めのほかにも新しい家事ができた。「ほうきでの掃除」である。

ほうきでたたみを掃く掃除は、久々である。たたみの部屋があまりなかったものだからすべて掃除機で済んでいたのだ。

和室がメインの家に引っ越して、すぐに買ったのは室内用のほうきである。狭いとこでも小回りも利くし「お！　こりゃいい」と家事のレギュラーに。

障子や襖のさんもたくさんあるので、小ぼうきも携えての掃除となる。

長いのと短いのとの二刀流で立ち回ります

小鳥がよく鳴いてるなあ……なんて思いつつ。静かな掃除になったからこそよく聞こえてくるんだな～と気がついた。

年に2回決まってやってくるスーの毛の抜け替わりのシーズンには、ほうき掃きではモワモワと毛が舞い上がるので、湿らせた新聞紙をちぎってまいてから掃き集める。この方法、子どもの頃には実家や近所でもよく見かけていた気がする。ちぎった新聞紙のほかに、茶がらもまいてたような。こんな掃除

ができるのも、大きくガラス戸を明け放てるからだろう。

懐かしシリーズで、ハタキも作ってみた。竹の棒に裂いた布をつけた自作のハタキでパタパタすると、舞い上がるホコリもそう嫌なもんでもなく感じる。どうぞ出ていってくださいと念じパタパタ。

友人から教わった方法は、ほうきで掃き集めたホコリや細かいゴミを最後に掃除機でゴゴゴ〜っと吸い取らせるというもの。これがなかなかよくて、ほうきと掃除機の2本立てが定着した。小型のスタンド式掃除機に替えたこともあり、廊下の隅に立たせておく掃除機はすぐに持ちだせていい感じだ。プチきんと雲のようなスーの毛溜まりをすぐゴゴーと吸い取る。

掃除道具、暮らし方によって使い方も変わってくるものだ。なるべく負担にならないよう気軽に済ませられる家事にするのがいい。

よーく聞こえるようになった
鳥の声
ピピ
ピピー

余り布を裂いて作ったハタキ。ちょっと重すぎた！

ボーダーのTシャツはもう通年のアイテムだ。いったいどのくらいボーダーを着てきたのだろ？
と改めて考えてみても、子どもの頃からずっと身近にあった柄だったので、数え切れないほどだ。

印象に残っているボーダーは、ベージュ×白のシャツ、ちょっとハイネックだった。袖口が擦り切れてもずっと着ていた思い出がある。白×紺色のTシャツは夏の定番、シンボルのように着ていた。それは若い頃も今も変わらない。

今年の春早々にラインの幅が4センチの半袖Tシャツを購入した。太めのラインだけれど小ぶりな袖で、丈もやや短めとコンパクトなデザイン。とても着や

太いボーダー

いいな！
いろんなボーダー
普段着以上の着こなしを！

すい。
もっともっと太い幅のボーダーのシャツも見かける。もはやボーダーというよりツートン。茶と紫のコンビは秋色でいい感じだと、さっそく着てみる。フェイクファーのバッグを持てば柔らかな印象になる。

ベージュ×オレンジ色のワンピースには、ニットを羽織ってボーダーの分量を減らす。そうだ！　最初からツートンカラーの服と思えば気持ちがラクになる。２色にあと１色足して完成とすればいい。

目の錯覚で、妙に大きな人に見えぬよう、コートやショール使いでおしゃれにきり抜けたい。誰もが持っていて、街中でも見かける率が高いボーダーの服。今年の秋はずっと着てきたアイテムの「ワンランク上の着方」をしたい。例えばボーダーの幅を今までとは違うものにしてみたり、思い切って背中がググッと開いたものやオーバーサイズのTシャツに。

攻めのデザインでも昔っからのお馴染みさんだから、安心してきっと大丈夫！　と思える。普段着以上の着こなしを目指してみたい。

山登り　ちょっと派手が丁度いい

高尾山に登るのはハイキング？　登山？

高尾山は、幼稚園児や小学生の遠足コースから本格的な服装で道なき道を進むような登山もできるという、様々な顔を持った山であるらしい。友だちを誘って、いちばん安全で大変でなさそうなコースで登ってみた。リフトで途中まで上がっていくのだ。

朝10時に家を出て、午後4時には帰宅する登山は、疲れ具合も丁度いい。山々の景色も美しい!!　豊富な酸素の中にいると体の隅々まで綺麗になっていくような気がした。

思い立っての山登りは急ごしらえのトレッキングスタイルだ。普段着の組み合わせで「できるだけ軽やかに」と身支度した。ハーフパンツの下にはレギンスとソックスを穿き、それっぽくアレンジなどしてみる。リュックは手提げにもなる普段使いのナップサックでよしとした。

いつもの服で
いざ山へ
レトロっぽいスタイルもいいな。次の山はこれでいってみよう…

これで十分に楽しめた山歩きだったけれど、後日登山用品の専門店をちょっとのぞいてみたところ、速乾性のシャツや、デザインの素敵な靴下など好みのものがたくさんあった。アウトドア用品の雑貨も可愛いのがたくさん。

どれも「実用」を極めたものばかりなので、着け心地も使い勝手もよさそ〜！

どこかひとつふたつ山登り用の本格的なものを取り入れると気分はより盛り上がるはずだ。通気性のいいアンダーウエアは肌のサラサラ感がちがうし、厚みのあるパイル地の靴下をはいた足は、きっとより軽やかに進むだろう。

自然の中では地味な色合いの服装より、ちょっと派手すぎじゃない？と思うくらいで丁度いい。草や木々の中では、人のカラフルな装いが楽しく目に入ってくる。スカーフで頭を包んだレトロなスタイルも今度山でやってみたい。自然が背景だとイケそうだから。

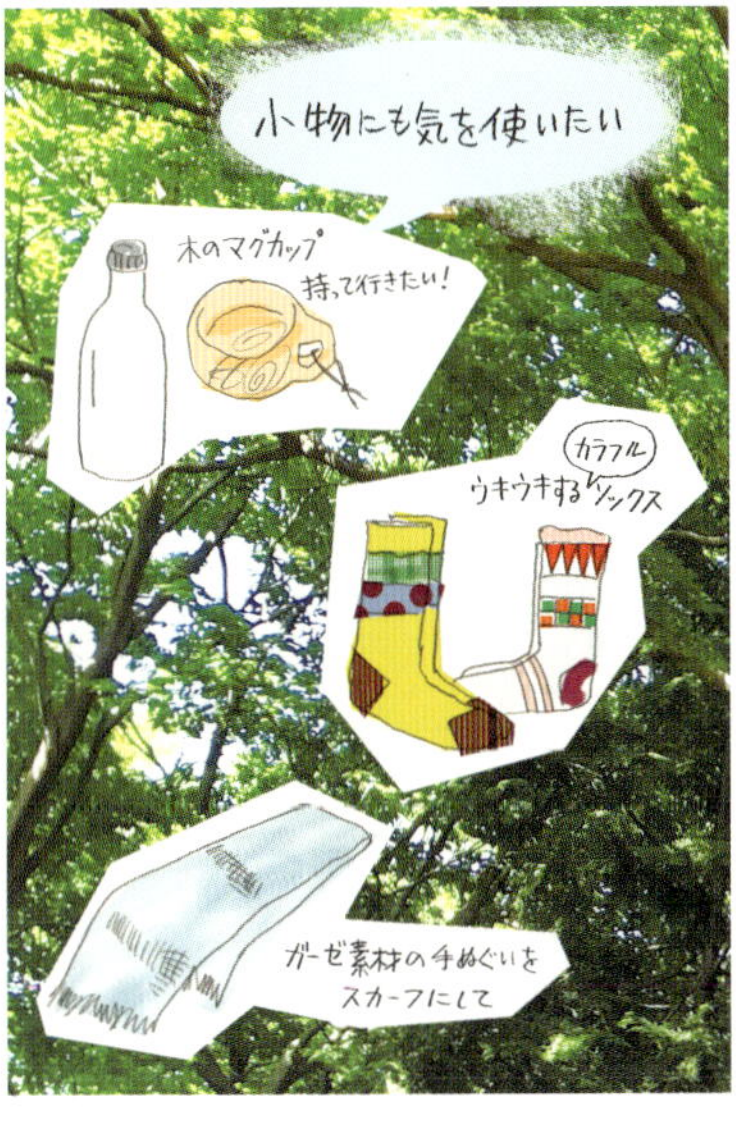

その時々の気候や体調に合わせてケーブルカーやリフトなども利用して山登りしたり、はたまたふもとあたりをぼちぼちと散策するのもいいなと思う。海や山での遊び方や楽しみ方は歳を重ねるとともに変わっていく。

そして楽しみ方の種類と方法は歳とともに増えるものだと知った。

山の所々にある神様パークで楽しみます

コーデュロイパンツ

秋にはコーデュロイの衣類が店頭に並びだす。コーデュロイファンとしてはうれしい季節なのである。カジュアルな服になることが多い、大好きな生地だ。

20代の頃、友人に作ってもらった濃紺のコーデュロイの服を思い出す。肌触りよく着心地よし。ツーピースだったので、ちょっと良いめのお出かけにも着ていけた。またピンクのコーデュロイパンツは……と、「懐かしのコーデュロイ話」はありすぎるので、機会があったらまたいつか。

いろいろ手にとってきたので、良いコーデュロイ生地とそうでもないのがわかるようにもなった。

保温性は抜群というほどでもないけれど、身につけたときの安心感と包まれる温かみは他の生地に比べて群を抜いていると思う。と、ほめちぎってみた。

「良いコーデュロイ」と「良くないコーデュロイ」、良いのはというと、やわらかいウネがかまぼこ状態になっていて、そしてケバのないウネとの差がきっちりとしている。

指でなぞるとケバは素直にたおれ、陰影をなす。身につけると、ぷるぷるっとした動きをする生地。良くないコーデュロイ生地はゴワゴワしていたり、ケバの盛り（ボリューム）

散歩にはツルツルした丈の長いコートで。鮮やか色の手袋でアクセントつけたりして

がケチられている。そういうのはケバがすぐに抜けてしまうのだ。

しかし！　あまり良くないコーデュロイに潜むかっこよさは見逃せない。

膝とか腿あたりのケバがすり減ってつるつるっぽくなったパンツもいい味がある。

レモン色のスエードジャケットと、もこもこ巾着袋を合わせて、冬のお出かけに

秋冬のイメージだけれど、コーデュロイのハーフパンツは春夏のシーズンも便利にはけた。やわらかさがよかったのかもしれない。

便利で着心地もいいけれど、カジュアルすぎてもただの普段着になってしまう。出かけるときはスエードのジャケットを合わせるなど気を配る。表面がつるつるとしたナイロンのコートも合うように思う。コーデュロイは異素材がピッタリくる。

ハーフパンツなら春夏もオッケー！

刺し子

各2枚の布の切れ端を縫い合わせました
革のジャケットと手仕事のあるスカートの相性良し！
絵のアウトラインを刺しています
私の刺し子熱に火を付けたスカート

布巾やコースターなど藍の生地に美しい柄が刺繍されているのを見かける。幾何学的で複雑な模様が細かな針目で縫われる刺し子。いくつかのパターンと刺し方をマスターすれば、きっと楽しめる手芸になるだろうなとは思うものの始めるきっかけがなかった。

先日、みっちり刺し子がしてある4枚はぎのセミタイトスカートを見つけた。古い布と新しい布が微妙な色合いではぎ合わされ、チクチクチクと丹念に全体に運針。薄いコットンの生地がおそらく4枚〜5枚は重ね合わされているらしく、肌触りがいい。暖かさもあり気に入りの一枚となっている。見つめていると、針の動きというか糸目のリズムが伝わってくる。きっとそれが手仕事の良さなのだろう。

　これなら！とやってみたくなり、布の端切れに直線縫いでチクチクして、トートバッグの持ち手に巻きつけた。すると途端にトートバッグごと愛おしくなってくる。

　今は古いスカーフの模様にそってアウトラインを刺している。バラと樹々と鳥の絵を描くように（なぞってるだけ）縫っていく。古いスカーフにちょっとだけボリュームがつき、生き返ってくるようだ。針を手に持ってする作業は気持ちが落ち着き、ゆっくり時間が流れる。

　刺し子は、衣類の防寒や補強のために500年ほど前から作られているそうだ。東北地方の刺し子が有名。

デニムのパンツのお尻にチェックの布を縫い付けたり、セーターにできてしまった小さな虫食いの穴に蓋をするように毛糸で刺し子もしてみたい。刺し子のスピリッツを受け継いでいけたらいいなと思う。

愛嬌《あいきょう》のあるお尻になりそう
模様のように刺せたらいいな……

あとがき

この本は、東京新聞と中日新聞で２００７年からスタートしたイラストエッセイ「おしゃれのレシピ」を中心にまとめました。そして日々の暮らしのことを写真やイラストで綴っている私のブログ「寄る年波とおしゃれの波」で肉付けしました。

やずやさんのサイト「ココカラ大学」とカゴやさんメヌイのブログに掲載された記事も挟み込み、アクセントをつけるように構成しました。

全てに加筆したり、新しいイラストを加えたりして、この本により合うように構成をしていきました。

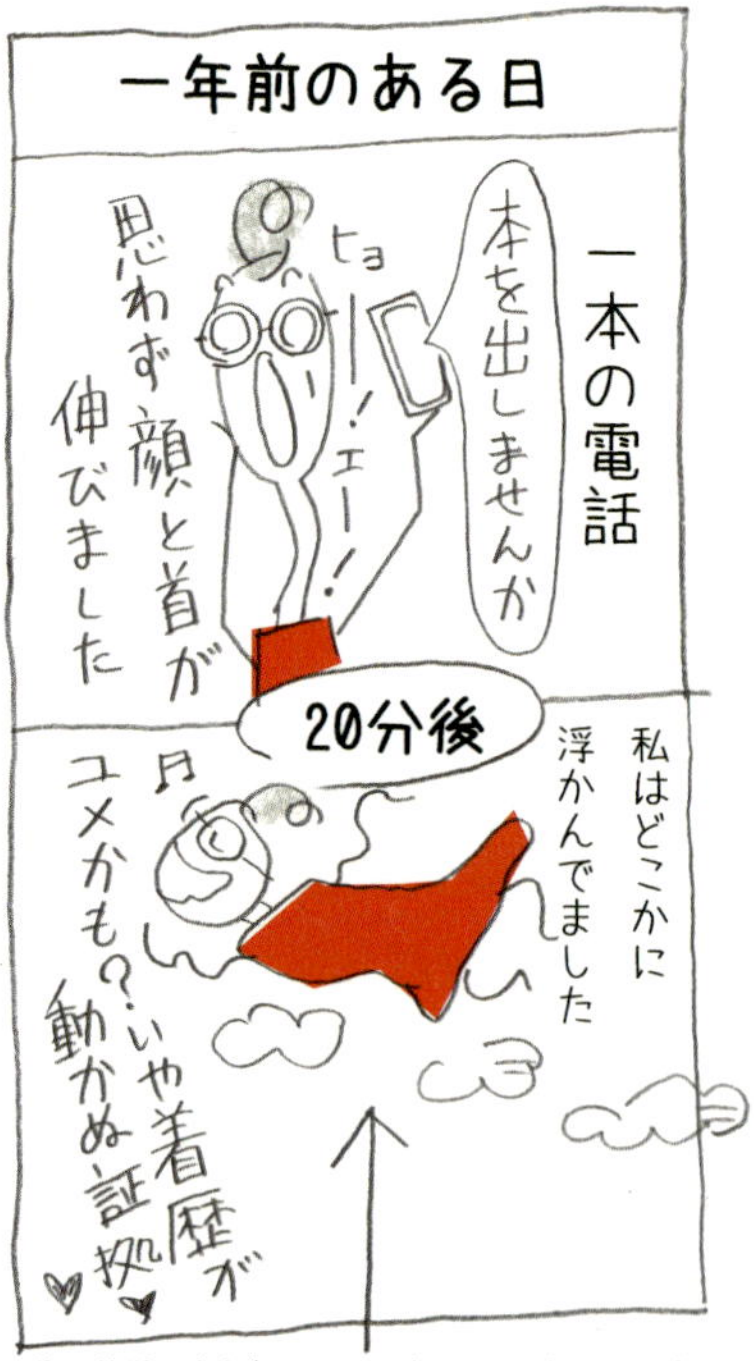

この後の苦労にまだ気づいていないいちばんhappyな時間

ブログでは、時々姿をあらわしていた「手足が棒で赤い服の人」、あれは私の分身のつもりのです。「草カンムリ」という名前もつけていました（葉子の葉っぱが草冠から）。

草カンムリ、この本ではけっこうな活躍っぷりを見せております。

おしゃれ関係の文は主に「おしゃれのレシピ」より、手作りの関係は「ココカラ大学」より転載させていただきました。ブログからの文章には大きく加筆しています。

また書き下ろしの文章やイラストも。と、いっぱいの思いと年月の凝縮された本になりました。

今日もまた犬の散歩からの畑仕事。イラストの仕事をして義母の通院の付き添い、夜になったらちょいとビールとブログ更新がルーティンの日常。そんな毎日が今とても大事。

まず、今日をくすませてはもったいないと、本をまとめながら思いました。

人生は、基本バラ色。

Thank you!
Editor, Designer.

本書は、以下の連載から選り抜き引用、再編集しました。

●東京新聞・中日新聞「おしゃれのレシピ」
●ブログ「寄る年波とおしゃれの波　ホホホの本田 Style」

また、株式会社やずやが運営する WEB メディア「ココカラ大学」のご協力を得て、
下記の内容を一部抜粋し引用して掲載しております。

●「ホホホの本田ココカラ Style」https://kokokaradaigaku.com

・私の夏のために〜日傘作り〜（P104 〜 105）
・手ぬぐいでスカート（P88 〜 89）
・バスケットにスプレーしながら（P48 〜 49）
・初めてのスモック刺繍（P26 〜 27）
・そうじの道具（P114 〜 115）
・布に描く（P98 〜 99）
・手ぬぐいでボレロ（P88 〜 89）
・ココカラ大学の講座から（P100 〜 101）

本田葉子（ほんだようこ）
1955年長野市生まれ。イラストレーター。25歳で結婚し一男一女をもうける。
62歳の夏に連れ添った夫を見送ったあと、義母と息子と一緒に小田原に移り住む。
老犬と共に海岸へ散歩に出かけたり、日々の出来事をブログに綴ったりの毎日。
東京新聞・中日新聞と、やずやのサイト「ココカラ大学」に連載をもつ。

おしゃれと暮らしのレシピ
ホホホと粋に生き残る

2019年3月25日　第1刷発行
2019年6月10日　第2刷発行

著　者　本田葉子
発行者　安藤篤人
発行所　東京新聞
〒100-8505　東京都千代田区内幸町2-1-4
中日新聞東京本社
電話　[編集] 03-6910-2521
[営業] 03-6910-2527
FAX　03-3595-4831

装丁・本文デザイン　中村 健（MO' BETTER DESIGN）
印刷・製本　株式会社シナノ パブリッシング プレス

ISBN978-4-8083-1032-5　C0077

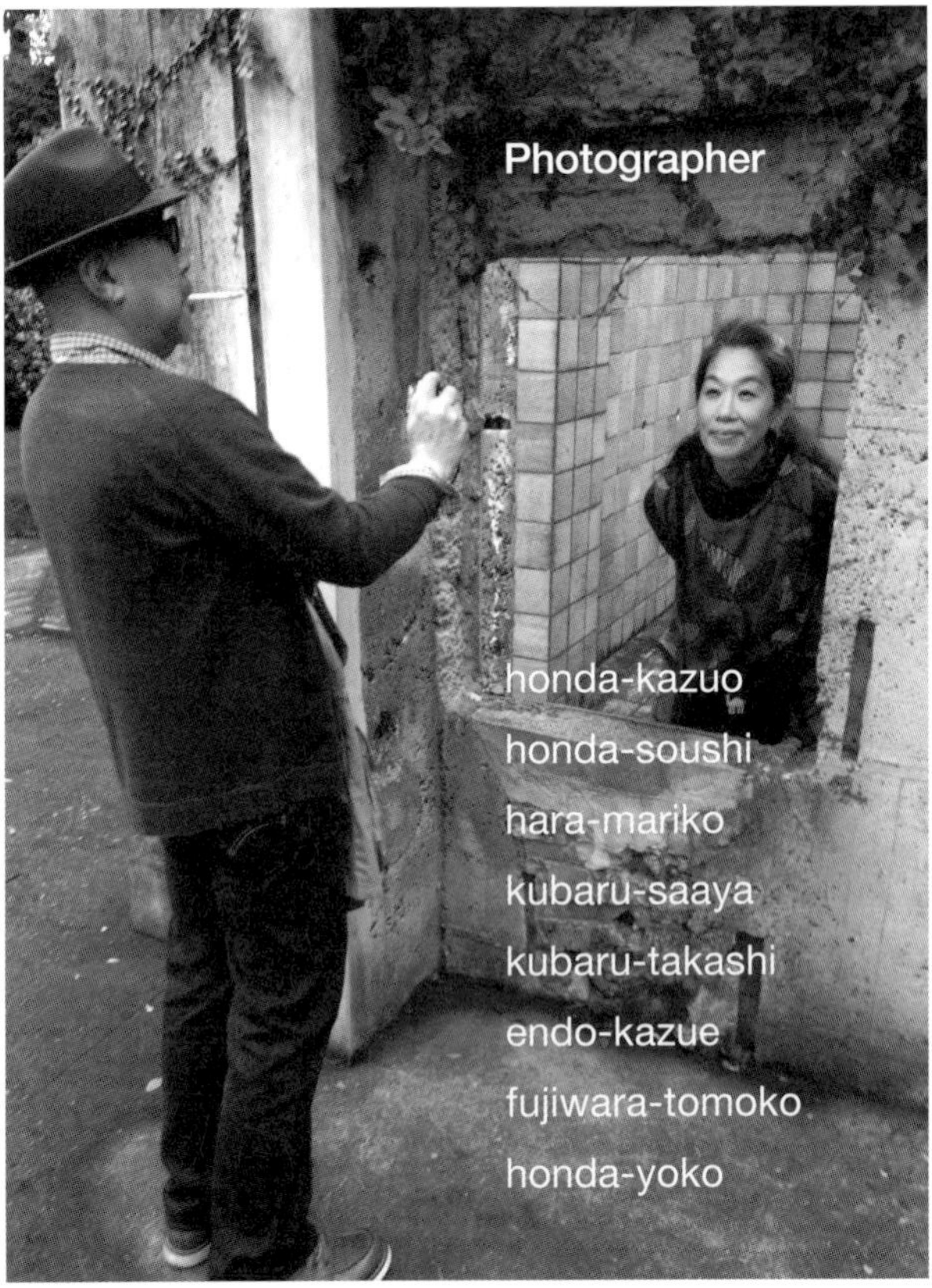

Photographer

honda-kazuo
honda-soushi
hara-mariko
kubaru-saaya
kubaru-takashi
endo-kazue
fujiwara-tomoko
honda-yoko